스터디
솔저스

스터디 솔저스

군대공신 안 교관의 기적의 공부법

초 판 1쇄 2024년 06월 07일

지은이 안장원
펴낸이 류종렬

펴낸곳 미다스북스
본부장 임종익
편집장 이다경, 김가영
디자인 임인영, 윤가희
책임진행 이예나, 안채원, 김요섭, 임윤정

등록 2001년 3월 21일 제2001-000040호
주소 서울시 마포구 양화로 133 서교타워 711호
전화 02) 322-7802~3
팩스 02) 6007-1845
블로그 http://blog.naver.com/midasbooks
전자주소 midasbooks@hanmail.net
페이스북 https://www.facebook.com/midasbooks425
인스타그램 https://www.instagram.com/midasbooks

© 안장원, 미다스북스 2024, *Printed in Korea*.

ISBN 979-11-6910-669-6 03190

값 18,000원

미다스북스는 다음세대에게 필요한 지혜와 교양을 생각합니다.

스터디
솔저스

군 대 공 신 안 교 관 의 기 적 의 공 부 법

안장원 지음

미다스북스

나는 장병들의
희망이 되고 싶다

"우리가 할 수 있는 최선을 다할 때, 우리 혹은 타인의 삶에 어떤 기적이 나타나는지 아무도 모른다."

– 헬렌 켈러

군대는 나에게 가장 먼저 겸손을 가르쳤고, 강한 체력과 정신력을 길러주었다. 그 후에야 비로소 꿈을 갖게 되었다. 나는 그 꿈을 이루기 위해 공부를 시작했고, 20년 후 기술사, 석사, 행정사, 발명가, 작가가 되었다. 나의 꿈은 기술사가 되어 대한민국을 안전하고 부강한 나라로 발전시키는 것이었다. 기술사 시험에 합격한 순간 장병들이 내 마음속에 들어왔다. 이제 나의 꿈은 장병들과 함께 강하고 행복한 대한민국을 만드는 것이다. 이것은 국가에 대한 은혜를 갚는 길이며 나의 소망이다.

20년 넘게 입었던 군복을 벗고 교관이 되기로 했다. 쉽지 않은 결정이었지만 아내의 동의를 얻어 지원했다. 합격 통지서가 도착하고 나니 중요한 시기인 고2 딸, 중2 아들의 동의가 필요했다. "아빠 합격했는데 너희가 가지 말자고 하면 안 갈게. 하지만 아빠가 교관이 되면 조금 더 행복할 것 같아."라고 말했다. 고맙게도 자녀들은 나를 믿고 따라와 주었다. 전역 후 교관이 되어 모두 행복하게 생활하고 있다. 항상 내 의견을 존중하고 지지해주는 아내와 두 자녀에게 너무나도 고마움을 느낀다.

'An-gelinus'는 오래전 소대원이 나에게 지어준 별명이다. 그 이유를 물어보니 동료들이 나를 천사라고 부른다는 것이었다. 나는 장병들이 항상 즐겁고 보람차게 군 생활을 할 수 있기를 바랐다. 그 바람이 잘 전달된 것 같아 감사했다. 함께 군 생활했던 그들도 대한민국 곳곳에서 꿈을 펼치며 즐겁고 행복한 삶을 살고 있을 것이다.

어느 날 소대원이 정비 작업 중 손을 다쳤다. 그의 놀란 표정을 보며 마음이 아팠다. 다시는 소대원이 다치지 않도록 안전한 공구를 제작하여 사용하게 했다. 이후 안전사고는 발생하지 않았다. 그때의 성취감이 나를 발명가로 성장시켰고, 지금도 위험 요소를 파악하며 안전하게 임무를 수행할 방법을 연구하고 있다. 장병들의 재능을 살리고 추억을 만들기 위해 발명 동아리를 이끌었다. 동료들과 함께 아이디어를 제시하고 토론하는 과정에서 그들의 열정과 의지를 느꼈다. 꿈을 가진 사람들은 어떠한 상황에도 포기하지 않으며, 어떤 어려운 임무에도 최선을 다한다는 것을 깨달았다. 장병들을 움직이게 하는 것은 강한 규제보다는 미래에 대한 희망이었다. 발명 동아리뿐만 아니라 창업 동아리, 독서 동아리, 불법 도박 예방 교육 강사로 활동하며 장병들의 재능을 발견하고 자존감을 키워 보람을 찾을 수 있게 했다. 또한, 전역 후 꿈을 이룰 수 있는 역량을 키우는 데도 노력했다.

　지금은 교관으로 장병들과 함께 공부하고 토론하며 즐겁게 지내고 있다. 그들이 열심히 공부하는 모습을 보면 절로 행복해진다. 공부는 개인의 잠재력을 깨우고 자존감을 높이는 가장 효과적인 방법이기 때문이다. 나는 장병들이 군 복무를 통해 자신의 꿈과 목표를 찾고 희망을 발견하기를 바란다. 그들이 용기를 내어 불가능에 도전하고, 실패를 극복해 가며 삶의 주인공으로 당당하게 살아가기를 바란다. 장병들이 살아야 우리가 산다. 장병들은 대한민국의 미래와 희망이기 때문이다.

"당신 자신을 믿어라, 그러면 그 무엇도 당신을 막지 못할 것이다." 에
밀리 과이의 말이다.

2024년 6월

안장원

**목
차**

1장

내면의 잠들어 있는
위대함을 깨워라

01

배우는 사람은 지혜롭다

> "공부는 자신의 미래를 위한 투자이다. 미래에 대한 투자가 없으면 공부는 그저 현재의 삶에만 머무르며, 미래에 대한 투자가 있으면 공부는 자신의 미래로 이어진다."
>
> — 빌 게이츠

『내가 공부하는 이유』의 저자 사이토 다카시는 "그 어떤 순간에도 후회 없는 삶을 사는 방법은 오직 공부뿐이다."라며 세상에 쓸모없는 공부는 없다고 말한다. 지식은 위기 상황에서 자신도 모르게 문제를 해결해 내는 능력을 발휘해 낸다. 사이토 다카시는 공부를 통해 가치 있는 삶을 살아가라고 말한다.

지혜는 나이나 오랜 경력만으로 형성되지 않는다. 지혜는 지식과 다양한 경험, 생각하는 힘으로 만들어진다. 성장하기 위해선 지속적인 학습과 경험이 필요하다. 많은 사람이 공부의 목적을 돈과 명예로 한정해보지만, 돈과 명예는 그저 형상으로 보이는 결과일 뿐 진정한 공부의 가치는 지혜를 얻는 데 있다. 지혜는 문제 해결을 위한 올바른 판단과 행동을 끌어내 삶을 가치 있게 만드는 중요한 능력이다.

공부는 새로운 지식을 습득하여 개인의 능력을 향상하고 기술을 발전시켜 개인 및 조직의 목표를 달성하는 데 도움을 준다. 공부를 단순히 대학 진학이나 시험 합격으로 한정하지 말아야 한다. 입시는 학습 능력이 뛰어난 학생을 선발하는 과정이며 자격증 시험은 업무 수행에 필요한 책임과 권한을 부여하기 위한 것이다. 대학 입학은 학문적 공부를 시작할 준비가 된 것이고, 자격증 취득은 해당 분야의 책임을 질 준비가 된 것이다. 이러한 관점에서 공부는 평생 학습의 하나로, 지속적인 성장과 발전을 위한 필수적인 활동이다.

조직의 성과를 위해서는 지속해서 학습하고 발전하는 리더가 필요하다. 공부하는 리더는 지식을 중요시하며 항상 자기 계발을 추구한다. 이러한 리더는 자신의 역량을 발전시키는 동시에 부서원 각각의 능력과 역량에 맞는 비전과 동기를 부여한다.

철학자 요한 볼프강 폰 괴테는 "가장 유능한 사람은 가장 배우기에 힘쓰는 사람이다."라고 말했다. 리더는 지식에 대한 열망으로 자신의 역량을 끊임없이 발전시키려는 사람이다.

한 분야에만 머무르는 것은 그 분야를 깊게 알게 해주지만, 넓은 시각을 갖추기는 어렵다. 사이토 다카시는 편협한 공부가 지식의 균형을 잃게 만든다고 했다. "내가 정한 방향의 공부만 한다는 것이 당장은 효율적인 것처럼 보일지 몰라도 오히려 사람의 시각을 편협하게 만들어 궁극적으로는 균형을 잃은 성장을 하게 만든다. 그런데 심지어 학교에서도 이런 사실을 외면한 채 학생들을 가르치고 있으니 참으로 안타까운 일이 아닐 수 없다."라며 우물 안의 개구리가 되어서는 안 된다고 말한다.

사이토 다카시는 '공부는 자신의 내면에 나무를 한 그루 심는 것과 같다.'라고 말한다. "어떤 학자가 쓴 책을 읽고 그 안에 담긴 지식과 세계관을 공부하면 나의 내면에는 그 학자의 나무가 옮겨 심어진다. 적극적으로 다양한 공부를 하는 사람이라면 나무의 종류도 각양각색일 것이고 숲의 면적도 넓을 것이다. 반대로 공부를 게을리했다면 숲이라고 말하기 어려울 정도로 사면이 황량할 것이다."라며 편협한 사고를 벗어나기 위해서는 다양한 분야의 지식과 경험의 중요성을 말하고 있다.

스스로 자신이 더 많이 안다고 착각하는 순간 고집이 생겨난다. 이러한 태도는 자신만의 틀에 갇혀 다양한 시각과 이해를 제한하게 만든다. 편협한 사고를 벗어나기 위해서는 다양한 지식과 경험을 쌓아야 한다. 공부는 이러한 지식과 경험을 융합하여 올바른 판단과 행동을 할 수 있게 도와준다. 국어, 영어, 수학 중 한 과목만 잘한다고 해서 내신이 오르지 않는다. 전 과목에서 균형 잡힌 성적을 유지할 때 원하는 내신 점수를 얻을 수 있다. 편협한 지식을 가진 사람을 '고지식하다.'고 말한다. 학교교육이 다양한 과목으로 구성된 것은 개인의 취향에 맞는 과목만을 공부하라는 의미가 아니라, 다양한 과목을 통해 문제를 판단하고 해결하는 능력을 키우기 위함이다. 고대 중국의 병법서인 손자병법에서는 "공부 잘하는 사람만이 사회에서 성공하는 것은 아니다. 배운 것을 응용할 줄 알아야 한다."라고 했다. 배운 것을 응용하기 위해서는 다양한 경험과 지식이 필요하다.

공부로 얻은 지식은 문제 해결에 중요한 자원으로 활용된다. 영국의 철학자 베이컨은 지식을 이용하는 사람을 세 분류로 나누었다. "교활한 사람은 학문을 경멸하고, 단순한 사람은 학문을 찬양하며, 현명한 사람은 학문을 이용한다." 공부를 포기하고 모든 것을 경험하겠다는 생각이 성공을 멀어지게 한다. 지식을 쌓는 것은 보물찾기에서 누가 먼저 보물지도를 얻었느냐와 같다. 성공을 위해서는 배운 지식을 활용할 줄 알아야 한다.

뛰어난 리더는 다양한 경험과 지식을 자신의 것으로 습득하고 활용함으로써 성공을 이뤄냈다. 공자는 "배우고 생각하지 않으면 곧 어둡고, 생각하고 배우지 않으면 곧 혼란스럽다."라고 말했다. 성공한 리더는 다양한 지식을 깊게 공부하고 실천했다. 지식 습득에 그치지 않고 온전히 이해하고 자신의 것으로 만들기 위해 끊임없이 노력했다. 어떤 일이든 인내와 끈기를 가지고 최선을 다한다면 이루지 못할 일은 없다. 지금까지 성공하지 못한 이유를 되돌아보며 '나는 최선을 다했는가?'라는 질문을 자신에게 던져봐야 한다. 어떤 어려움에도 끈질기게 도전하면 성공의 가능성은 열린다. 실패와 성공을 반복하며 자신의 능력을 정확히 인식한다면 언제든지 목표를 달성할 준비가 되어 있는 것이다. 공부를 잘하고 못하는 것의 차이는 자신의 능력을 아는 것과 모르는 것의 차이에서 발생한다. 공부를 효과적으로 하기 위해서는 몰입하는 시간, 꾸준하고 효율적인 학습 방법, 학습과 적절한 휴식의 균형, 그리고 위기를 극복하는 능력이 필요하다.

일본 메이지대학교의 교수 사이토 다카시는 성공을 꿈꾸는 사람들에게 희망의 메시지를 전한다. "공부하는 인생을 살기로 마음먹었다면 노력의 힘을 의심하지 말고 믿어라. 공부하면서 얻은 모든 것들이 우리 인생을 어떻게 바꿀지 아무도 알 수 없다. 그렇지만 오늘 한 걸음을 내디뎠을 때 그 위치는 분명 어제와 다르다. 그리고 묵묵히 한 걸음 한 걸음 가다 보면 언젠가는 출발점이 보이지 않을 정도로 멀리 와 있음을 깨닫게 될 것이다."

하버드대학교 도서관에는 '공부해야 하는 이유'에 관한 30가지 이유가 적혀 있다. 그중에서 한 가지는 꼭 기억해야 한다.

"Happiness is not proportional to the academic achievement, but sucess is."(행복은 성적순이 아닐지 몰라도 성공은 성적순이다.)

02

공부의 핵심은
자신감이다

공부에서 자신감은 매우 중요하다. 자신감이 충만하면 공부 중 마주하는 어려움을 쉽게 극복할 수 있으며 꾸준하게 공부 의지를 지켜낼 수 있다.

17살에 하버드, 프린스턴, 스탠퍼드, 코넬 등 미국 10개 명문 대학교를 동시에 합격한 『공부 9단 오기 10단』의 저자 박원희는 대한민국의 공부 지존이라 불렸다. 그녀를 천재로 만든 것은 '나도 잘할 수 있다.'는 자신감이었다. 그녀가 공부 천재로 성장한 것은 타고난 능력이 아니었으며 그저 공부 천재 중에서 '더 잘하고 싶다.'는 목표를 가지게 되었기 때문이었다. "비록 어린 나이지만 난 공부에 관한 한 누구보다 치열하게 해왔다고 자부한다. 내가 천재였다면 이런 치열함도 없었을 것이고, 어쩌면 이런 결과도 얻지 못했을 것이다."

그녀는 천재들과의 경쟁에서 목표를 달성하기 위해 열심히 공부한 결과일 뿐이라고 말한다. 그녀는 민족사관학교를 2년 만에 졸업하고 하버드대학교에 입학했다. 목표를 달성하기 위해 얼마나 열심히 공부했을까? 축구 시험을 잘 보기 위해 며칠 동안 학교 운동장에 축구공을 가지고 다니며 식당에서 밥을 먹는 시간까지 아끼기 위해 도시락을 들고 다녔다. 영어 실력을 향상하기 위해 자신만의 공부법을 개발했다. '연상법으로 외우기', '단시간에 최대한 많이 외우기', '단어의 뜻은 문맥에서 유추하기' 등 다양한 학습 방법을 활용했다. 그녀는 공부를 잘하고 싶어 하는 후배들에게 말한다.

"공부에 왕도는 없지만, 정도는 있다." 또한, 공부에는 관심이 없지만, 공부의 비법에는 관심이 많은 학생에게 말한다. "어떻게 공부에 비법이 있을 수 있겠는가. 농부가 씨를 뿌리고 밭을 일구듯 그저 정직하고 우직하게 해야 하는 것이 공부이다."

누구도 태어날 때부터 공부 머리를 가진 채로 태어나지 않는다. 천재들은 남들보다 공부를 더 즐겼을 뿐, 자신을 희생했다고 말하지 않는다. 근력을 키우기 위해서는 근육 보강제가 필요하듯 공부 능력을 기르기 위해서는 공부 자신감이 필요하다. 자신감을 키우기 위해서는 명확하고 현실적인 목표 설정과 스스로를 인정하고 격려하는 말과 행동 그리고 '어떤 어려움도 극복할 수 있다.'는 자신에 대한 확고한 믿음이 필요하다.

톨스토이는 "인간은 자기가 옳다고 생각하는 일, 될 수 있으면 많은 것을 자기의 것으로 삼는 것을 인생의 목표로 살아간다."라며 삶에 있어 목표의 중요성을 강조했다. 목표에 확신이 있으면 '어떻게 하면 공부를 잘할 수 있을까?'라는 질문을 하며 더 어렵고 힘든 도전을 통해 자신의 능력을 성장시킨다.

꿈이 있는 공부는 가슴을 설레게도 하고 실패를 성장의 도구로 활용한다. 지금 하는 공부가 가슴을 설레게 한다면 그것은 꿈이 이루어지고 있다는 증거이다. 생텍쥐페리는 "계획 없는 목표는 한낱 꿈에 불과하다."라고 했다. 여행을 가기 전 계획을 세우듯 공부를 시작하기 전에 명확하고 현실적인 계획을 세움으로써 성과를 만들어낼 수 있다. 공부 계획을 세울 때 고려할 사항은 명확한 목표 설정, 학습의 우선순위, 공부 일정, 목표의 세분화, 공부 방법, 균형 있는 휴식 등이며 반복된 계획의 수정과 자기 관리가 필요하다.

공부 계획을 쉽게 세우지 못하는 것은 이미 계획된 공부 방식이 습관화되었기 때문이다. 세워진 계획에만 의존하면 성장의 기회를 놓치게 된다. 공부는 스스로 계획하고 실행함으로써 보람을 느끼게 되며 어려움을 이겨내며 꾸준히 공부할 수 있는 능력을 갖추게 된다. 공부 계획을 세우는 일은 성적 향상을 위한 것뿐만 아니라 자존감을 높이는 데도 도움을 준다.

최연소 사법 고시 합격, 행정 고시와 외무 고시 합격, 18대 국회의원에 당선된 고승덕 변호사의 공부 비결을 들어보니 "17시간 공부하기, 같은 책 10번 읽기, 같은 문제 10번 풀기 이렇게 실천하면 어떤 시험도 합격할 수 있다. 노력이란 성공의 확률을 높이는 것이다."라고 노력을 정의했다. 고승덕 변호사는 평범한 사람으로 시작했지만, 꿈을 향해 전력을 다해 노력했다. 모든 목표를 달성하기 위해서는 노력이 필요하다. 그러나 단

스터디 솔시스

순한 노력만으로는 충분하지 않다. 효율적이고 창의적인 노력이 수반되어야 원하는 결과를 이루어낼 수 있다.

'전교 1등, 2등을 하면 인생이 달라질까?', '공부를 잘하면 행복해질 수 있을까?'라는 의문은 공부로 이루고자 하는 목표에 대한 확신이 없어서 생겨난다.

고대 그리스 철학자 에픽테토스는 목표에 대해서 "사람은 그 마음속에 열정이 불타고 있을 때가 가장 행복하다. 열정이 식으면 사람은 급속도로 퇴고하게 된다. 아직 그대 마음속에 열정이 불타고 있을 때 더 높은 목표에 도전하라. 사람은 목적과 신념이 없이는 행복해질 수 없다. 사람은 그게 무엇이건 하나의 목표 아래 살아가고 있고 또 그것이 옳다고 생각함으로써 행복을 느끼게 된다. 그러므로 인생은 어떤 목표를 세우고 그 목표에 대해서 신념을 가지고 살아가는 것이 필요하다."라며 행복의 시작은 확고한 목표에서 시작된다고 했다.

목표를 이루는 과정에서 얻게 되는 성취감은 스스로를 삶의 주인으로 만드는 데 충분한 역할을 한다. 꿈을 이루기 위한 공부는 자신의 잠재력을 깨우며 성공적인 삶을 추구하는 데 도움을 준다. 꿈을 실현하는 가장 빠르고 정확한 방법은 공부다. 그래서 꿈이 큰 사람일수록 지식을 습득하고 생각의 폭을 넓히는 공부에 몰입하게 되는 것이다.

공부에 대한 의지가 강할수록 학습에 대한 집중력도 높아진다. 게임이나 운동 역시 '잘하고 싶다.'는 의지가 있어야 잘할 수 있다. 운동으로 근력을 키우듯 공부로 지식을 쌓을 수 있다. 운동선수가 훈련으로 체력을 단련하듯, 문제 해결을 위한 집중과 노력이 사고력을 키운다. 역도 선수가 올림픽에서 금메달을 획득하는 것과 수학 올림피아드에서 금메달을 따는 것 사이에 큰 차이는 없다. 모든 챔피언은 '안 된다', '두렵다', '할 수 있을까?'라는 두려움을 극복했기 때문에 성공할 수 있었다.

'나도 할 수 있다.'는 확고한 믿음으로 목표를 향해 끊임없이 노력하면 결국 그 꿈은 이루어지고 만다. 셰익스피어의 말처럼 "일단 시작했으면 포기하지 말라."는 원칙을 기억하자.

03

공부로 인생을
빛나게 하라

"공부는 자신의 인생을 더욱 가치 있게 하는 일이다. 인생을 가치 있게 하지 않으면 공부는 그저 지식의 쌓임에 불과하며, 인생을 가치 있게 하면 공부는 자신의 인생으로 이어진다."

– 스티븐 커비

인생 역전을 위해서는 공부를 해야 한다. 투자의 대가 워런 버핏은 백만장자가 되는 비결을 "쓰고 남은 돈을 저축하지 말고 저축하고 남은 돈을 쓰라."고 말했다. 공부를 잘하기 위해서는 남는 시간에 공부하는 것이 아니라 공부를 가장 먼저 해야 한다. 자투리 시간도 흘려보내지 말고 꿈과 목표를 향해 어떻게 공부할지 계획하고 실천에 옮겨야 한다.

한국갤럽은 군 복무를 하고 전역한 직장인을 대상으로 군대에 대한 호감도 조사를 했다. (한국갤럽 2011 군대에 대한 호감도 조사)

군 생활이 살아가는 데 도움이 되는 점으로 인내심을 기른다(19.9%), 정신력 향상된다(11.6%), 단체 생활에 도움이 된다(10.2%), 철이 든다(8.2%), 책임감 향상된다(6.9%) 등이 꼽혀 도움이 된다는 결과를 보였다.

알베르트 아인슈타인은 "변명 중에서도 가장 어리석고 못난 변명은 시간이 없어서라는 변명이다."라고 말했다. 인생은 꾸준한 노력과 도전을 통해 변화된다. 공부할 시간은 거저 주어지지 않는다. 일하는 사람은 일에 몰두하고, 백수도 자신만의 일상 속에서 바쁘게 시간을 보낸다. 시간은 단순히 주어지는 게 아니라 자신 스스로 만들어내야 한다. 세상에서 가장 귀중한 자원은 시간이기에 시간을 소중히 여겨야 한다. 시간을 효율적으로 활용하고 그 시간의 주인으로서 살기 위해서는 명확한 목표를 가지고 끊임없이 노력하고 두려움을 이겨내며 지속해서 자기 계발을 해야 한다.

시간을 어떻게 활용할지는 자신의 선택에 달려 있다. 현재의 시간은 인생에서 한 번밖에 없는 소중한 것이며 세상에서 가장 존귀한 것임을 잊어서는 안 된다.

가치를 발견하라

　삶의 가치는 개인의 경험과 가치관에 따라 변화된다. 사람들에게 삶의 의미를 물어보면 '그냥 살아라.', '자식 때문에 산다.'와 같은 답변을 한다. 하지만 실제로는 그들 역시 자신만의 철저한 계획과 방향성을 가지고 살아간다.

　공부의 목표 설정과 이루어가는 과정에서 자신의 가치를 발견하게 되며 삶의 의미를 바라보게 된다. 잠재된 능력을 발굴하고 지속적인 노력을 통해 진정으로 바라는 것이 무엇인지를 깨닫게 되면 자신만의 꿈을 찾게 된다. 간절한 마음으로 꿈을 향해 노력하면 결국 그 꿈은 이루어진다. 꿈을 이루는 열쇠는 바로 그 간절함에 있기 때문이다. 박지성, 박찬호, 김연아는 스포츠계 성공 인물이다. 이들의 성공 비결은 간절함이었다. 이들에게도 성공은 거저 주어지지 않았다. 성공을 자신의 소중한 것과 바꾼 것이다. 바라는 것을 상상하고 간절함으로 실천해 갈 때마다 성장한 자신을 만나게 된다.

　인생 역전을 위해서는 아껴 쓰고 저축하는 것이 아닌, 꿈을 향한 노력과 시간을 투자해야 한다. '늦었다.'고 생각할 때가 가장 빠르다. 삶의 가치를 찾고 꿈을 실현하는 가장 확실한 방법은 공부다.

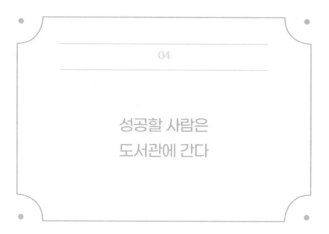

04

성공할 사람은
도서관에 간다

도서관에 가라

도서관에서는 성공한 사람들의 경험과 성공 비결을 자서전을 통해 간접적으로 체험할 수 있다. 그들의 지혜와 전략, 그리고 위기를 극복해 가는 과정은 시공간을 초월하여 위인들과 소통하며 자신감을 높여준다.

마이크로소프트 창업자 빌 게이츠의 "오늘의 나를 만든 것은 우리 마을의 작은 도서관이다. 하버드 졸업장보다 소중한 것은 독서하는 습관이다.”라는 말처럼 도서관은 꿈을 찾고 용기와 희망을 주는 곳이다. 미국의 방송인 오프라 윈프리는 청소년기 마약과 성폭행 그리고 좌절에서 이겨낼 수 있었던 힘은 도서관이라 강조하며 “미국에서 도서관 카드를 얻는 것은 미국 시민권을 얻는 것이나 마찬가지다.”라고 말했다. 또한, 도서관을 시민의 생명줄처럼 여겼던 미국 시카고의 시장 리처드 데일리는 “도서관 기금을 깎는 일은 사회를 건강하게 지탱하는 혈관을 절단하는 일과 같다.”라고 말했다.

　미국 최대의 강철 공장을 설립한 백만장자이자 자선사업가인 앤드루 카네기는 미국은 물론 전 세계에 2,509개의 도서관을 지었다. 학교교육과 도서관을 동일하게 여긴 그는 “만약, 학교교육이 인류 전체의 복지를 위해 사회가 꼭 지켜내야 하는 것이라면, 도서관도 마찬가지다.”라며 도서관은 신분이나 재산이 아무런 영향을 미치지 않는 민주주의 산물이라는 말을 남겼다. 그는 미국 공공 도서관의 건립과 체계를 갖추는 데 많은 기여를 했다.

　‘말은 제주도로 보내고 사람은 서울로 보낸다.’는 속담이 있다. 이 속담에는 자원이나 물건을 최적의 장소로 보내 최대의 효과를 얻고자 하는 뜻이 담겨 있다. 도서관은 학습에 최적화된 환경을 제공하여 공부에 집중할 수 있게 해준다.

도서관은 스트레스 해소 장소로도 좋다. 독서를 통해 마음을 차분하게 하며 긴장을 풀어주어 긍정적인 생각을 유도한다. 또한, 도서관은 학습에 적합한 환경을 제공하며 다양한 책, 오디오북, 영상 자료, 강연, 전시회 등을 통해 새로운 지식 습득과 소통의 기회를 제공한다.

도서관은 과거와 현재 그리고 미래를 연결하는 통로의 역할을 한다. 그곳은 인생의 방향을 찾고 마음의 영양을 얻는 장소이며, 사회적 신분과 관계없이 누구에게나 위대한 꿈을 탐색할 기회를 제공한다. 공부의 동기를 잃어버렸다면 성공한 사람들의 이야기와 경험을 담은 책 속에서 동기를 다시 찾고 새로운 힘을 얻어 공부를 시작하자.

끈기를 가져라

쌍코피는 적당히 공부해서는 터지지 않는다. 쉴 때 쉬고 할 때 하는 공부로는 나오지 않으며 오랜 시간 공부의 피로가 누적되었을 때 난다. 쌍코피는 3개월 이상 지속해서 공부한 사람이 흘리는 것이다.

※ 공부할 때는 적절한 휴식과 균형 잡힌 생활을 유지하는 것이 좋다. 너무 무리한 공부는 오히려 학습 효과를 떨어뜨릴 뿐만 아니라 건강에도 해로울 수 있으므로 컨디션 관리가 중요하다. 코피가 나면 충분한 휴식을 취하고 수분을 섭취하며 올바른 자세로 공부하는 게 좋다. 또한, 영양가 있는 식사를 하고 충분한 수면을 해야 한다. 균형 잡힌 학습 계획을 세워 일정한 시간의 공부와 적절한 휴식을 취하면 건강을 유지하면서 효율적으로 공부할 수 있다.

잠을 이겨내라

공부 목표를 달성하지 못하면 잠을 이겨내야 한다. 낮에 일하고 저녁에 책을 펼치면 자연스럽게 졸음이 찾아온다. 이때, 곧바로 밖으로 나가 잠을 이겨가며 공부해야 한다. 목표를 달성하기 전에는 집에 들어가지 않겠다는 결심으로 따뜻한 옷을 입고 나가거나 택시를 타고 집에 들어가는 선택의 여지를 없애기 위해 지갑을 놓고 나간다. 산책 시 공부 목표를 달성할 수 있는 거리를 설정하고 출발한다. 공원의 벤치에서 잠이 들더라도 그날의 목표를 꼭 달성해야 한다. 이러한 습관을 몇 번이나 반복하다 보면 포기하는 습관을 없앨 수 있다.

※ 공부하다가 공원에서 잠들게 되면 가능한 한 빨리 일어나서 안전한

장소로 이동해야 한다. 특히, 야간에 야외에서 공부할 때는 주위 환경에 대한 경각심으로 안전을 우선으로 해야 한다. 몸이 피로할 때는 적절한 휴식을 취하고 집이나 도서관 등 안전한 장소에서 공부하는 것이 좋다.

나무를 가르쳐라

공부법 중 '가르치며 하는 암기법'이 있다. 주변 사람들에게 공부한 내용을 설명하거나 확인을 요청하면 이해하는 데 큰 도움이 된다. 그러나 들어줄 사람을 찾기 어렵다. 점심 후 식곤증으로 피로를 느낄 때 산책하면 공부에 많은 도움이 된다. 산에 올라가 나무를 학생, 친구, 면접관으로 상상하며 공부를 한다. 면접관에게 답변하는 것처럼 학습하고 가르치듯 내용을 설명한다. 공부에 집중이 안 될 때나 환기가 필요하다면 자연을 활용해 학습 환경을 바꿔보자.

※ 산에서 공부할 때는 안전한 장소를 선택해야 한다. 특히, 안전한 등산로나 휴식 공간을 선택해야 하며 미끄러운 표면이나 가파른 경사로를 피해야 한다. 산에서의 공부는 자연과 함께하여 공부의 효율성을 높일 수 있지만, 안전과 환경보호에 유의해야 한다.

자연을 활용하라

조선 최고의 명필가 한석봉이 태어났을 때 한 스님은 중국의 유명한 명필가 왕희지가 되살아날 것이라는 예언을 했다고 한다. 어릴 적부터 한석봉은 글을 배우는 속도가 다른 아이들보다 빨랐다. 열 살 되던 해에 집안이 가난해져 더는 서당을 다닐 수가 없게 되었다. 글을 연습할 종이가 없어서 나뭇잎에 글을 썼다는 일화가 있다. 이처럼 자연의 모든 것을 학습 도구로 활용할 수 있다.

※ 산에서 낙엽을 주울 때는 주변 환경을 주의 깊게 살펴보고 안전한 위치에서 주워야 한다. 미끄러지기 쉬운 곳이나 가파른 경사에서는 위험하므로 가서는 안 된다.

'카더라'를 경계하라

2005년 스탠퍼드대학교 졸업식 때, 스티브 잡스의 축사다. "여러분에게 주어진 시간은 제한되어 있습니다. 다른 누군가의 삶을 대신 살아가는 데 자신의 인생을 낭비하지 마십시오. 다른 사람의 생각에 따라서 사는 오류를 범하지 마십시오. 다른 사람의 견해 속에 자기 내면의 목소리가 파묻히지 않도록 하세요. 그리고 가장 중요한 건 자신의 직관과 열정을 따라갈 수 있는 용기입니다. 당신의 마음은 당신이 정말로 무엇이 되고 싶은지 이미 알고 있습니다. 다른 모든 것들은 부차적인 것에 불과합니다.”

'이 자격증 공부하면 좋다.'라는 말에 현혹되어서는 안 된다. 남의 말에 쉽게 귀를 기울이는 사람을 '귀가 얇다.'고 말한다. '카더라 자격증'은 종종 과장되어 홍보되는 경우가 많다. 만약 그 자격증이 정말 중요하다면 그들이 먼저 그 자격증을 공부하고 얻었을 것이다.

스티브 잡스는 “우리의 인생은 짧다. 남의 말만 듣고 살아가다가는 아무것도 이루지 못한다.”라고 말했다. 그는 “남의 말에 신경 쓰지 말고 자신이 원하는 일에 도전하라. 자신 내면의 소리에 귀 기울이고 직감에 따른 삶을 살라.”고 충고한다. 카더라 자격증에 대한 남들의 추천을 너무 맹신하며 자신의 소중한 시간과 노력을 낭비하지 않아야 한다.

기회를 준비하라

'기회는 준비된 자에게만 찾아온다.'라는 말은 기회가 발생했을 때 그것을 인식하고 적극적으로 활용할 수 있는 사람은 준비가 되어있는 사람이라는 의미이다.

공부하려는 자격증이 나의 목표와 맞는지를 신중히 고려해야 한다. 타인의 '좋다, 카더라.'라는 말에 휘둘리지 말고 그 자격증이 자신의 목표와 맞는지를 판단해야 한다. 공부는 단순히 지식을 얻는 것뿐만 아니라 자신의 능력을 향상하는 과정이어야 한다. 기회는 예상치 못한 순간에 찾아온다. 그러므로 기회가 왔을 때 준비된 사람은 기회를 자신의 것으로 만들어낼 수 있다. 기회는 단순히 기다리는 것이 아닌 철저한 준비와 노력을 통해 스스로 만들어내는 것이다.

핵심을 간파하라

시험장에서는 핵심만을 정확하게 답해야 합격할 수 있다. 제한된 시간 내에 불필요한 정보를 배제하고 중요한 내용에 집중하는 핵심 위주의 학습 전략이 필요하다. 시험장에서 수험자는 자신의 지식을 전달하기 위해 답변을 해보지만, 결과는 불합격인 경우가 있다. 아무리 많은 설명을 해본들 면접관이 원하는 답을 하지 못하면 불합격이기 때문이다.

수험자 본인도 자신이 한 말을 기억하지 못하는데 불필요한 이야기를 듣는 면접관은 괴롭기만 할 것이다. 질문의 핵심을 파악하는 능력을 키우기 위해서는 공부할 때 핵심 내용을 중심으로 학습해야 한다. 시험 범위를 확인한 후 핵심 내용만을 집중적으로 정리하고 공부하는 습관을 들이는 것이 중요하다.

글을 써보라

글쓰기 연습은 학습한 내용을 요약하며 시작하는 것에서 출발한다. 핵심을 중심으로 요약된 '서브 노트'는 공부한 내용을 이해하고 정리하는 과정에서 만들어진다. 효과적인 포켓노트를 작성하기 위해서는 꾸준한 읽기, 빈번한 기록과 반복적인 수정이 필요하다. 『노인과 바다』로 유명한 어니스트 헤밍웨이도 "모든 초고는 쓰레기다."라고 말하며 글쓰기는 수정과 반복의 행위라고 했다.

글쓰기는 학습 과정에서 큰 도움을 준다. 공부한 내용을 요약하고 정리하면서 반복적으로 학습하고 암기하는 데 도움이 된다. 또한, 학습한 내용을 간결하고 논리적으로 표현하는 능력을 키울 수 있다. 글쓰기의 이점은 학습뿐만 아니라 일상생활에서도 집중력을 향상하며 핵심 내용을 빠르게 파악하고 논리적으로 표현할 수 있는 능력을 강화하는 데 도움을 준다.

05

체력·정신력·암기력을 동시에 단련하라

"공부는 도전이다. 도전 없이는 성장할 수 없다. 새로운 지식을 습득하고, 새로운 스킬을 익히는 것은 어려운 일이지만, 그 도전을 이겨내면 성취감과 함께 더욱더 성장할 수 있다."

– 알베르트 아인슈타인

군대에서 치러지는 국가 기술 자격 시험은 업무와 연관된 자격증이기에 업무 향상을 기대할 수 있다. 공부를 일과 연계시키면 이론과 실제 업무가 일치하여 이해와 암기에 도움을 준다. 공부를 통해 업무를 향상하거나 문제를 해결한다면 공부의 효과를 명확하게 입증한 것이다.

공부는 업무의 질적 향상과 자기 계발에도 도움을 준다. 엔지니어가 고장의 원인을 아는 것은 학습을 통해 이루어진다. 공부를 업무와 연계시키면 지식과 경험을 동시에 학습할 수 있어 공부의 효과를 높일 수 있다. 단순한 지식과 경험만으로는 응용력을 길러내지 못하며 기술의 발전 역시 기대할 수는 없다. 기술의 숙달은 반복된 학습을 통해서만 이룰 수 있다.

체력 · 정신력 · 암기력을 동시에 단련하라

운동은 건강을 유지하고 스트레스를 해소하며 집중력을 높이는 데 도움을 준다. 건강한 상태로 오랜 시간 공부하기 위해서는 꾸준한 운동이 필요하다. 운동을 계획했다면 꾸준히 이행하기 위해 주변의 유혹이나 방해 요소를 차단해야 한다.

공부의 제왕 강성태는 "유혹을 이길 수 있다면 그것은 이미 유혹이 아니다. 유혹은 중독과 같다. 알코올중독자 눈앞에 술이 있거나, 게임 중독자 앞에 게임기가 있다면 참을 수 없다. 처음부터 눈앞에 없다면 싸울 일도 없을 것이다. 여러분이 유혹에 대해서 꼭 알아두어야 할 것은 유혹을 이기려 하지 말라는 것이다. 유혹을 이길 수 있는 유일한 방법은 유혹을 만나지 않는 것이다."라고 했다.

유혹은 개인의 의지력만으로 쉽게 이겨낼 수 없다. 먼저 주변 환경을 파악하고 의식적으로 운동을 방해하는 요소들을 인지하며 피하려는 노력이 중요하다. 체력 단련을 하며 체력, 정신력, 암기력을 동시에 향상시킬 수 있다. 달리면서 녹음한 내용을 반복해서 듣고 말하는 방법이다. 운동하면서 녹음한 내용을 반복적으로 듣는 것은 신체 활동을 통해 뇌에 자극을 주어 암기 효과를 높여준다. 앉아서 하는 공부는 잠이 오거나 지루할 수 있지만 달리면서 하는 공부는 운동과 학습을 병행할 수 있다.

집중해서 하는 1시간의 공부는 10시간의 일과 동등한 효과를 낸다. 집중할 때 뇌는 많은 에너지를 사용한다. 집중할수록 에너지 소모가 증가하기 때문에 체력도 약해지는 것이다. 수험생이 먹는 '총명탕'보다 자연이 주는 보약이 우리의 몸에 더 유익하다. 공부는 오랜 기간 하는 것이므로 공부 계획을 세울 때 운동 시간을 반드시 포함하여 건강도 관리해야 한다.

자신을 관리하라

교육심리학 용어 중 자기 관리란, 자신의 행동을 변화시키려고 행동적 학습 원리를 활용하는 것이다. 학습자가 스스로 생각을 조절하며 자신의 행동에 책임을 지는 것이 자기 관리의 핵심이다. 공부를 효율적으로 하기 위해서는 무엇보다 자기 관리가 중요하다. 자기 관리가 되지 않으면 학습에 대한 집중력과 기억력이 떨어지며 공부하는 동안 스트레스를 받게 된다. 공부하기 좋은 컨디션을 유지하기 위해서는 적절한 수면, 휴식, 식습관과 스트레스 관리가 필요하다.

자신감을 유지하라

쉽게 얻은 것은 쉽게 잃어버린다. 어려움을 극복하고 이루어낸 성취감은 자신감을 높여준다. 쉽게 얻은 합격증은 장롱에 들어가지만 힘들게 얻은 자격증은 벽에 걸린다. 바톤 골드스미스는 저서 『내 안의 자신감 길들이기』에서 자신감을 지키는 10가지 응급처방을 내렸다.

1. 자신감이란 의외로 쉽게 얻을 수 있다. 자신감이 없으면 괴롭다. 이때 필요한 것은 간절함과 끈기다.
2. 다른 사람을 위해 뭔가를 한다. 다른 사람을 도우면 자신이 좋은 사람이라고 느낀다.
3. 당신이 명예롭고 진실한 사람이라는 사실을 알면 뚜렷한 목적과 긍정적인 방향을 향해 살아갈 수 있다.
4. 마치 성공한 사람처럼 행동하라.
5. 멘토를 찾아라. 자라면서 자신감을 키우는 법을 배우지 못했다 해도 아직 늦지 않았다.

6. 자신을 잘 돌보라. 건강을 지키고 꾸준히 운동해 신체 활력을 높여라. 스스로의 성취에 적절히 보상하라.

7. 어떤 장소를 일단 한번 방문해보면 다시 그곳을 찾기는 쉽다. 인생에서 일어나는 대부분의 일은 마치 자전거 타기와 같다.

8. 자신감 일기를 써라. 일기 쓰기의 아름다움은 그 단순함에 있다.

9. 후원 그룹을 구축하라. 후원 그룹은 현대의 심리 치료가 나타나기 훨씬 전부터 존재해왔다.

10. 생각의 흐름을 지켜보라. 하루 동안 떠올리는 무수한 생각 중 80%가 부정적인 내용이라는 연구 결과가 있다.

멘토를 찾아라

공부의 효과는 바로 눈에 띄지 않지만, 꾸준히 노력하면 결실을 본다. 바쁜 일정에서 공부는 부담이 될 수 있고 주변의 방해 요소도 만만치 않다. 주변 사람으로부터 '왜 그런 것을 공부하냐', '일이나 잘해라.'라는 말을 듣기도 한다. 그래서 많은 사람이 티 내지 않고 공부를 하지만 이런 방식의 공부는 오래가지 못한다.

멘토는 학습의 성장과 발전을 위한 안내자이며 인생의 스승과도 같다. 멘토는 학습에 필요한 지식과 경험을 나누어주고 공부 방법이나 학습 전

략에 큰 도움을 준다. 멘토는 학습 동기를 부여하고 어려운 시기에는 힘
이 되어준다.

오랜 시간 동안 자신감을 잃지 않고 공부하기 위해서는 위로와 격려의
멘토가 필요하다. "감나무 밑에 누워 감 떨어지길 바라지 마라."는 속담
처럼 멘토의 지원은 매우 중요하므로 아직 멘토가 없다면 직접 찾아 나
서야 한다.

운동으로 체력과 정신력을 단련하라

운동할 때 생기는 뇌 물질은 도파민이다. 경제학자이자 심리학자인 그
레고리 번스는 '도파민은 행복 물질이다.'라고 불렀다. 특히 유산소운동
이 도파민을 발생시킨다. 마라톤 선수들은 35㎞ 지점을 지나 자신의 한
계점을 넘는 순간 뇌 신경전달물질인 도파민이 발생하여 고통은 사라지
고 쾌락이나 행복감이 나타난다. 유산소운동이 업무 능력과 학습 효과를
향상한다는 연구 결과도 있다.

미국 일리노이주의 네이퍼빌센트럴고등학교에서는 전교생을 대상으
로 수업 전 최대한 열심히 운동장을 달리게 했다. 참여한 학생들은 운동
하지 않은 학생들에 비해 2배가량 성적이 높았다.

마라톤과 공부는 공통점이 있다. 달리다 보면 스트레스, 근육 피로, 긴장과 고통이 생긴다. 하지만 이 지점을 넘어서면 결승점까지 달릴 수가 있다. 공부할 때도 긴장과 피로감으로 스트레스를 받는다. 공부도 마라톤도 자신의 임계점이 있다. 힘들지만 견뎌내고 도중에 포기하지 않고 달리다 보면 목적지에 도착한다. 강한 정신력은 강한 체력에서 나온다. 체력의 한계를 뛰어넘을 때 비로소 정신력도 강해진다. '이 정도도 해냈는데 이것쯤이야!' 하는 말로 스스로 격려할 수 있어야 한다.

성공자를 찾아라

성공한 사람들의 공통점은 자신의 장단점을 정확히 파악하고 이를 목표 달성에 활용하는 능력이 있다. 장점을 최대한 활용하며 선택과 집중으로 목표를 향해 나아가고, 단점을 극복하며 개인의 역량을 지속해서 발전시킨다.

스티븐 커비는 저서 『성공하는 사람들의 7가지 습관』에서 7가지 실천 방안을 제시했다.

첫 번째, 자신의 삶을 주도하라.

두 번째, 끝을 생각하며 시작하라.

세 번째, 소중한 것을 먼저 하라.

네 번째, 윈–윈을 생각하라.

다섯 번째, 먼저 이해하고 다음에 이해시켜라.

여섯 번째, 시너지 효과를 내라.

일곱 번째, 끊임없이 쇄신하라.

성공한 사람들은 시작 전에 명확한 계획을 세우고 실천하는 과정에서도 계획을 재점검하고 우선순위를 정하여 업무를 처리한다. 대인 관계를 중요시하여 성과는 함께 나누며 상대방의 의견을 존중한다. 또한, 협업을 통해 시너지 효과를 극대화하고 성장을 장기적으로 바라보며 명상, 운동, 독서 등 자기 관리에 투자한다. 성공한 사람들의 노력과 성공 비결을 배우는 것은 중요하다. 그들은 자신이 이룬 성공을 발판 삼아 후손들이 더 큰 성공과 행복을 찾을 수 있기를 바란다. 성공에 대한 간절한 열정을 가지고 있다면 성공한 사람들이 어떻게 공부했고 어떻게 위기를 기회로 만들어냈는지 학습해야 한다.

스페인 바르셀로나 올림픽 마라톤 금메달리스트 황영조 감독은 "장수가 전쟁에 나가는데 무장해제된 상태로 가니 되겠나? 마라톤은 강인한 정신력을 요구하는 운동이다. 자신의 한계에 도전하는 종목인데 지금 우리나라 선수들은 혼이 빠져 있다."라며 아쉬움을 토로한다. 황 감독은

"손기정 선생님이 생전에 내가 올림픽 금메달을 따는 걸 보고 소원을 푸신 것처럼 또 다른 제2의 황영조가 나오길 기대하고 포기하지 않을 것이다."라며 선수 시절에 살기 위해 뛰었던 때를 생각한다고 한다.

스트레스를 관리하라

2015년 3월 11일 자 조선일보에는 〈한국 아이들 공부 스트레스, 세계서 가장 심해〉라는 주제의 기사가 실렸다. 한국보건사회연구원의 한국 아동 종합 실태 조사와 유니세프(UNICEF) 자료를 비교 분석해본 결과, 우리나라 아동 두 명 중 한 명(50.3%)이 "학업으로 인해 스트레스를 받는다."고 답했고 이는 비교 조사 대상이 된 30개국 중 가장 높은 수치였다.

스트레스란, 몸에 해로운 자극을 받을 때 몸 안에 발생하는 심리적, 신체적 피로를 말한다. 스트레스가 미치는 영향은 신체적으로 위염과 장염, 소화불량을, 정신적으로는 불안과 우울증을 발생시킨다. 또한, 대인관계와 학교생활에 부적응을 만들어내기도 한다.

시험 전날 밤을 새운다고 해서 공부 내용을 기억하는 것은 아니다. 연구 결과에서도 수면 부족으로 인한 스트레스는 집중력을 떨어뜨린다고 한다. 오히려 시험 전날에는 충분한 휴식과 즐거운 일을 통해 정신적, 육체적으로 최적의 상태를 유지하는 것이 효과적이다. "잠은 만병통치약이다." 시험 전에는 신체리듬에 맞게 환경을 조절하여 편안한 수면에 들어야 한다. 숙면을 위한 음악, 안대, 수면 카페나 수면 휴게실을 활용하는 것도 좋은 방법이다.

자신만의 스트레스 해소법이 있으면 좋다. 장시간 운전 후 스트레칭을 하듯이 공부하는 도중에도 스트레스 해소가 필요하다. 명상, 산책, 상담, 독서, 음악 감상 등 각자의 성향에 맞는 방법을 찾아야 한다. 한번 받은 스트레스는 쉽게 회복되지 않기에 공부의 흐름을 유지하기 위해서는 스트레스를 경계하고 적절히 대응해야 한다. 공부로 인한 피곤함은 쉽게 휴식을 통해 회복될 수 있지만, 스트레스는 상처와 같아 예상치 못한 장기간의 회복이 필요할 수 있다. 따라서 스트레스를 예방하고 적절한 대책을 세워두는 방안도 필요하다.

체력을 길러라

운동선수는 훈련량에 따라 그들의 실력 차이가 드러난다. 지속적인 훈련을 통해 실력과 자신감이 점차 쌓여간다. 일반적으로 다이어트에 성공한 사람은 자존감이 높다. 이는 꾸준한 노력으로 성취감을 쌓아두었기 때문이다. 세상에서 가장 어려운 것은 바로 자신을 이기는 것이다. 그렇기에 높은 산을 정복하는 것은 자신을 정복하는 것과 같다고 말한다. 자신과의 약속을 매일 지키는 것은 매일 자신을 극복하는 것과 같다. 공부를 잘하기 위해서는 건강한 체력이 중요하다. 체력은 공부 의지를 높여주기 때문이다.

청소년학연구 제23권 제6호 〈청소년들의 스포츠 참여에 따른 운동 열정과 심리적 행복감의 차이〉에서는 스포츠 활동이 청소년에게 열정과 심리적 행복감을 불러일으킨다는 연구 결과를 발표했다. 연구는 경기도 안양시 소재의 고등학생 270명을 대상으로 하였고, 청소년들의 스포츠 활동에 따른 운동 열정과 심리적 행복감의 차이를 설문으로 검증한 결과이다.

첫 번째, 참여 여부에 따라 스포츠 활동에 참여한 학생은 참여하지 않는 학생들에 비해 높은 열정을 갖게 된다.

두 번째, 참여 시간에 따른 자신감과 자아실현이 높게 나타났다.

세 번째, 참여 빈도에 따른 심리적 행복감이 높게 나타났다.

연구 결과는 스포츠 활동의 참여 시간, 참여 빈도, 참여 경력이 많을수록 열정, 자신감, 자아실현, 심리적 행복감이 높다는 것이다. 청소년들의 스포츠 활동은 신체적, 정신적 건강에 긍정적인 도움을 준다. 학교 체육과 방과 후 스포츠 활동의 참여를 권장하여 학업과 진학에서 오는 경쟁과 스트레스를 극복하고 정서적 안정감을 찾을 수 있다고 한다.

2장

인생을 스스로
설계하는 학습법

01

자기 주도 학습
7가지 실천 방안

"자기 주도 학습은 자신의 인생을 스스로 책임지는 일입니다. 자기 주도 학습을 하지 않으면, 자신의 인생을 다른 사람에게 맡기게 되며, 자신의 인생을 책임지지 않게 됩니다. 하지만 자기 주도 학습을 하면, 자신의 인생을 스스로 책임지며, 자신의 인생을 더욱 풍요롭게 만들 수 있습니다."

— 스티븐 커비

자기 주도 학습이란?

자기 주도 학습이란? 스스로 학습 목표를 정하고 목표를 이루기 위해 실천해 가는 것을 말한다. 교육부는 공식 블로그를 통해 자기 주도 학습의 7가지 원리를 발표했다.

첫 번째, 잘하고 싶고 잘해야 한다는 마음이 필요하다.

두 번째, 계획을 세워야 공부하고 싶어진다.

세 번째, 뚜렷한 목적성을 가져라.

네 번째, 이해부터 문제 해결까지 5원칙을 준수하라.

(바로 이해하기 – 사고하기 – 정리하기 – 암기하기 – 문제 해결

하기)

다섯 번째, 예습 · 복습 · 수업 등 기본에 충실하라.

여섯 번째, 학습의 입력 · 출력이 조화를 이뤄야 한다.

일곱 번째, 국어 · 영어 · 수학 과목별 학습법을 적용하라. 자신에게 주

어진 시간에 최선을 다하면 목표를 이룰 수 있다.

"젊어서 고생은 사서도 한다."는 말이 있다. 공부도 마찬가지다. 노력
없는 공부는 금방 잊히지만, 시간이 오래 걸리는 자기 주도 학습은 기억
으로 보답한다.

자기 주도 학습 실천 방안

첫 번째, 공부하는 이유를 찾아라.

공부를 통해 지식과 능력을 키우면 더 많은 기회와 더 나은 미래를 준

비할 수 있다. 공부의 목적이 자아실현인지, 가족의 행복이나 사회 공헌인지도 고려해야 한다.

두 번째, 치밀하게 계획하라.

계획을 세울 때는 무엇보다 실현 가능성에 중점을 두어야 한다. 처음에는 너무 높은 계획을 세우기보다는 한 단계 낮은 계획을 세워 공부에 탄력을 붙여야 한다. 처음부터 너무 어렵거나 무거운 과제는 스스로 부담을 주어 공부를 포기하게 하며 자신감을 떨어뜨린다. 계획을 세울 때는 실천하기 쉬운 과제부터 점차 높여가야 한다.

세 번째, 목표를 검증하라.

'첫 단추를 잘 끼워야 한다.'는 속담이 있다. 시작이 좋으면 연이어서 다음 일들도 잘되어간다는 말이다. 목표의 시행착오를 줄이기 위해서 멘토나 전문가의 검토가 필요하다. 멘토는 부모님, 친구, 선생님이나 함께 고민해줄 수 있는 사람이면 되고 전문가는 현재 그 일을 하고 있거나 경험이 있는 사람이면 좋다. 살면서 검토의 과정을 거치는 일들은 수없이 많다. 문서를 작성하기 전에 상급자의 검토를 받고 가전제품을 구입할 때는 가족과 상의하여 결정한다. 검토는 올바른 선택으로 시행착오를 줄이고자 하는 과정이다.

네 번째, 학원에 의존하지 말라.

자기 주도 학습은 자신을 신뢰하는 것에서 시작된다. 스스로 공부를 시도하지 않고 자신의 능력을 과소평가하는 것은 피해야 한다. 학원에만 의존하게 되면 내면의 학습 능력은 발달하지 않는다. 성공한 사람들은 자신을 철저히 믿고 신뢰하며, 잠재된 능력을 발휘하여 자신의 한계를 극복해 성공을 이루었다.

자기 주도 학습이 습관이 된 학생은 학원에 가지 않아도 좋은 성적을 내지만 스스로 공부하지 못하는 학생은 학원에 의존할 수밖에 없다. 자기 주도 학습을 위해 학원에 가는 것이 아닌 인터넷 강의나 책을 활용하여 배울 수 있다. 이 방법은 비용을 절약하면서도 필요한 지식과 기술을 얻는 데 효과적이다. 공부는 평생 지속하는 활동이지만 학원에 의존해 공부하는 것이 습관이 되면 중요한 시기나 상황에서도 학원을 찾게 된다. 정상을 향해 가기 위해서는 천천히 한 발짝씩 나아가야 한다. 각자의 목표가 다르더라도 성공의 원칙은 동일하다. 첫 계단에 발을 내디뎌야 다음 계단도 오를 수 있다. 한 번에 많은 계단을 뛰어넘을 수 없듯이 꾸준히 발을 내딛는 것이 중요하다. 시작부터 도움을 기대하며 오르려 한다면 결국 남의 의도대로 인생의 방향이 결정될 것이다.

블레즈 파스칼은 "인간은 생각하기 위해 살고 있다. 그러므로 인간은 한시도 생각하지 않고는 있을 수 없다."라고 생각의 중요성을 말했다. 사람들이 미디어에 쉽게 중독되는 이유는 인터넷과 게임이 해야 할 고민과 선택을 대신 해주기 때문이다. 이와 마찬가지로 학원도 자신이 고민하고 해결해야 할 문제를 대신 해주기 때문이다. 문제 해결을 위해 깊게 고민하고 노력하다 보면 사고의 폭이 넓어지고 뛰어난 능력을 갖출 수 있다. 지금은 공부가 어렵게 느껴져도 스스로의 노력과 습관으로 곧 진정한 공부의 가치를 느낄 수 있게 된다. 자신의 능력을 과소평가하지 말고 스스로 공부를 계획하고 실천에 옮겨야 한다.

　학교 수업의 중요성은 선생님이 시험문제를 내기 때문이다. 유명한 학원에 다니더라도 선생님의 의도를 정확히 파악하지 못하면 족집게 강사가 되기는 어렵다. 학원에 의존하지 않고도 수업에 집중하며 예습과 복습을 철저히 하면 좋은 성적을 얻을 수 있다. 모든 학원은 각자의 특화된 공부 기술을 가지고 있다. 학원에 다닌다면 그 기술을 습득하여 자신만의 것으로 만들어야 한다. 학원의 방법과 자기 주도 학습을 조합하여 서로의 장단점을 파악하고 개인에게 맞는 공부 전략을 구축하는 것이 중요하다. 학원의 기술과 자신의 능력을 결합하여 효율적인 학습법을 개발하는 것은 학원 활용의 핵심이다.

다섯 번째, 매일 벼랑 끝에 서라.

현실에 안주하는 삶은 미래의 행복을 미리 소모하는 것과 같다. 많은 사람이 자신의 욕망을 억제하며 먹고 싶은 것, 사고 싶은 것, 하고 싶은 일을 참는 것이 더 나은 미래를 위한 준비라고 생각한다. 학창 시절 공부를 포기하고 유혹에 빠지는 것은 어른이 되어 누릴 수 있는 행복을 미리 사용하는 것과 같다. 그 결과는 많은 사람이 꿈꾸는 명문 대학교 입학이나 일류 기업 입사와 같은 기회를 놓치게 되어 그저 평범한 수준으로 살아가는 것이다.

투자의 귀재 워런 버핏은 "가치에 투자하라."고 말했다. 학생 때의 공부는 성인이 되었을 때 누릴 행복을 위한 투자이며, 성인이 된 후의 공부는 정년이나 미래를 위한 투자이다. 군대에서 하는 공부는 전역과 동시에 꿈과 목표를 이루기 위한 투자이다. 학생이 공부하지 않으면 앞으로의 선택의 폭이 좁아진다고 말한다. 성인이 되어서도 공부를 게을리하면 은퇴 후 노후가 걱정된다고 말하고 싶다. 군대에서 아무것도 하지 않는 사람이 전역하면 "군대에서 시간을 낭비했다."고 말한다. 공부가 어려울 때면 항상 꿈과 미래를 생각하자. 현재의 공부는 미래를 위한 소중한 투자이다.

"실패는 성공의 어머니다."라는 말을 할 때면 발명왕 에디슨이 생각난다. 그는 전구를 만들기 위해 2천 번이나 실패했다. 어느 날 기자가 에디슨에게 질문했다. "전구를 만들기 위해 실패할 때마다 기분이 어떠했습니까?" 에디슨은 기자에게 "실패라니요. 나는 단지 2천 개의 단계를 거쳐서 전구를 발명한 것뿐입니다."라고 말했다.

공부는 성공의 핵심 요소다. 공부가 힘이 들수록 꿈을 이루기 위한 최상의 수단이 된다. 위대한 성공을 이루기 위해선 실패를 두려워하지 않는 도전 정신이 필요하다.

02

잘하고 싶다면
먼저 시작하라

"큰 꿈을 가지세요. 그리고 절대로 포기하지 말고 자신에게 부정적인 말이나 절망에 빠지는 나쁜 생각도 하지 마세요. 자신의 위대한 능력을 잠재우는 일이 있어서는 절대로 안 됩니다. 지금, 이 순간 당신이 해야 할 일은 당신이 이루어야 할 큰일을 위하여 좋은 습관을 들이는 것입니다."

– 스티븐 스필버그

데카르트는 "모든 시작은 어렵다. 하지만 결단을 내리지 않는 그것이야말로 최대의 해악이다."라고 했고, 맹자는 "일을 해보면 쉬운 것이다. 그런데도 시작은 하지 않고 어렵게만 생각하기에 할 수 있는 일들을 놓치게 된다."라고 말했다. 망설이거나 할 수 없다고 뒷걸음치는 사람이나 시도조차 하지 않고 포기하는 사람은 아무것도 이룰 수가 없다. 어떤 일이든 시작이 어려울 뿐이다. 그 무엇에도 도전하지 않는다면 아무런 일도 일어나지 않는 게 세상의 이치다. 일단 시작해야 한다. 시작할 때 어려웠던 일들도 탄력을 받기 시작하면 언제 그랬는지 모르게 진행되어 간다. 공부에서 탄력은 자신감이다. 공부에 대한 자신감이 생기기 시작하면 그때부터 공부를 즐길 수 있게 된다.

고상희 칼럼니스트가 말하는 공부 잘하는 비결은 학습 동기이다. 학습 동기가 있어야 열심히 하고 잘할 수 있다는 것이다. "공부를 위한 최강의 동기는 즐거움이다. 공부에서 조금 더 자유로워지기 위해서는 배움의 즐거움을 터득해야 한다."라고 말한다. 공부를 방해하는 것은 과도한 경쟁심과 불안감이라고 했다. "전문가들이 말하기를 두려움과 스트레스는 뇌의 활성화를 저해하여 능력 발휘를 방해한다. 학습은 아무 걱정도 없는 상태나 가장 자유로운 상태일 때 최상으로 이루어진다." 그래서 고상희 칼럼니스트는 늘 자신의 기분을 즐겁게 만들기 위해 노력했다. 더불어 불안감 속에서 최종의 경쟁 상대는 자신이라고 말하며, "'학생에게 불안감을 없애고 공부의 즐거움을 어떻게 느끼게 할 것인가?'의 해결책은 강요로 얻을 수 없으며 오직 학생 스스로 깨닫는 것이다."라고 말했다.

공부를 방해하는 요소는 자신이 만들어놓은 결과이기에 해결하려 마음먹는다면 어떠한 문제도 극복해 낼 수 있다. 즉 공부는 마음먹기에 달려 있다. 오랜 기간 공부에 손을 놓았다면 공부 습관을 들이는 데에는 상당한 노력과 시간이 필요하다는 것을 인정해야 한다. 사람은 적응력을 발휘하기에 처음 책상에 앉아 공부하는 게 어렵게 느껴질 수 있지만, 일정 시간이 지나면 습관이 되어 편하게 공부할 수 있게 된다.

1캐럿의 다이아몬드를 만드는 데 2톤의 원석이 들어간다. 원래 다이아몬드 원석은 반짝이지 않는데 원석의 가공과 수천 번의 세공으로 그 가치가 매겨진다. 천연 광물 중에서 광채가 가장 뛰어날 수 있었던 것은 수천 번의 세공 과정을 견뎌냈기 때문에 가능하다. 공부를 위해 인내했던 노력은 머지않아 다이아몬드처럼 자신의 가치를 더욱 높여주는 기회가 될 것이다.

법륜 스님은 희망편지로 '내가 나를 사랑해야 하는 이유'를 세상에 전하고 있다. "사랑하고 사랑받는 출발점은 내가 내 자신을 사랑하는 겁니다. 내가 나를 아끼지 않는데 누가 나를 아껴주겠습니까? 내가 나를 사랑할 줄 모르는데 누구를 사랑하겠습니까? 내가 나를 괴롭히지 않고 나를 속박하지 않아야 합니다. 사랑하고 사랑받는 출발점은 내가 나를 사랑하는 것임을 잊지 마세요."

공부는 반복이다

반복은 이해와 기억력을 강화한다. 반복으로 인한 절정의 상태는 무의식 상태에서도 공부한 내용이 떠오르는 것이다. 복습 과정에서 많은 사람이 암기의 함정에 빠져 '이해했다.' 또는 '다 외웠다.'며 반복을 중단하는 경향이 있다. 이렇게 공부하면 시간이 지나 공부한 내용을 잊게 만들어 공부 자신감을 떨어뜨린다.

자신감을 유지하기 위해 철저한 관리가 필요하다. 게임을 중단하겠다고 마음먹었다면 게임장 근처에도 가지 않아야 한다. 게임에 노출될 가능성이 있는 환경을 미리 차단하는 것이다. 또한, 게임 관련 책을 책꽂이에 두거나 게임 영상을 시청하는 것도 피해야 한다. 유혹을 물리치기 어려울 때는 외부의 도움을 받는 것도 좋다. 공부를 잘하고 싶다면 우등생을 모범으로 삼아 의지력을 높이거나, 자신감을 약화하는 생각이나 행동은 피해야 한다.

게임을 중단하는 것만큼이나 공부에 대한 결심과 노력이 필요하다. 공부하기로 마음먹었다면 자기 관리는 물론 주변 환경까지도 공부에 초점을 맞춰야 한다.

한계에 도전하라

자신에 대한 높은 기대치는 더 넓은 시야와 통찰의 능력을 갖게 만든다. 인생을 변화시키고자 한다면 자신의 능력을 초월하는 인내와 노력은 필수이다. 한계를 극복하면 자신의 가치를 더욱 깊게 이해하게 되며 더 큰 꿈을 목표로 삼을 수 있다. 지금까지의 공부는 자신을 성장시키는 데 중점을 뒀지만, 앞으로는 공부를 통해 지식과 경험을 나누며 함께 성장한다. 위대한 목표를 향한 도전은 능력의 한계를 높이고 삶을 풍요롭게 만든다.

서양미술사상 가장 위대한 화가 중 한 사람인 빈센트 반 고흐는 고통이 있었기에 즐거웠다고 한다. "열심히 노력하다가 갑자기 나태해지고, 잘 참았다가 조급해지고 희망에 부풀었다가 절망에 빠지는 일을 또다시 반복하고 있다. 그래도 계속해서 노력하면 수채화를 더 잘 이해할 수 있겠지, 그게 쉬운 일이었다면 그 속에서 아무런 즐거움도 얻을 수 없었을 것이다. 그러니 계속해서 그림을 그려야 했다." 자신을 믿고 두려움을 극복하는 과정에서 용기와 자신감이 성장한다. 고통을 극복하고 한계를 넘어섰을 때 비로소 진정 원하는 꿈을 갖게 된다.

03

합격을 만드는
5가지 기적의 공부법

"우리는 어떤 것을 제대로 배우는 최고의 방법을 가르치며, 배운 다음에는 반드시 실천해야 한다는 원칙을 신중하게 지켜야만 한다. 그 원칙은 언제나 배우는 사람이면서 동시에 실천하는 사람이 되어야 한다는 것이다."

– 리처드 멀캐스터

첫 번째, 이해해야 한다

진정한 공부의 의미를 이해했다면 이제부터 시간은 자신의 편이다. 매일 꿈이 이루어지는 상상을 하는 사람은 시간을 지배한다. 꿈을 이루는 데는 시간이 절대적이기 때문이다. 경영학자 피터 드러커는 "10분 뒤와

10년 후를 동시에 생각하라."라고 말했다. 무의미하게 흘려보낸 시간이 10년 후 자신과 가족에게 미칠 영향을 생각해야 한다. 의미 없이 시간을 보내는 것은 누려야 할 행복을 아무렇지 않게 흘려보내는 것과 같다. 시간을 지배한 사람이 세상을 지배한다. 누군가는 시간을 얻고 누군가는 시간을 잃는 게 시간의 법칙이기 때문이다.

공부에서 목표는 매우 중요하다. 삼성서울병원 뇌신경센터 나덕렬 소장은 "계획 없이 살면 뇌 활동이 둔해져 판단력과 결단력까지 흐려지고 작은 목표라도 세워 이루려 하면 뇌 속 신경 줄기세포가 활성화된다."라며, '잠자던 뇌세포를 깨우기 위해서는 목표를 향해 달려야 한다.'고 말했다. 공부의 목표가 좋은 성적만을 얻기 위함이라면 시험이 끝남과 동시에 기억에 남는 것은 별로 없다. 공부의 목표를 달성했기에 기억조차도 오래 남겨둘 만한 가치가 없다는 것을 알기 때문이다. 그동안 공부했던 노력은 시험의 끝과 함께 기억에서 사라져간다. 그것은 공부하는 동안 시험 이후를 생각하지 않았기 때문이다.

피터 드러커는 『프로페셔널의 조건』에서 "사람은 스스로가 성취하고 획득할 수 있다고 생각하는 바에 따라 성장한다. 만약 자신이 되고자 하는 기준을 낮게 잡으면 그 사람은 더는 성장하지 못한다. 만약 자신이 되고자 하는 목표를 높게 잡으면 그 사람은 위대한 존재로 성장할 것이다."
라며 목표의 중요성을 강조한다.

공부의 목표가 대학 입시에 있다면 학교에서 치러지는 모든 시험에 관
심을 두고 체계적으로 공부를 해가며 스스로 공부를 계획하고 방법을 찾
아낸다. 공부의 목적이 좋은 직장에 취업하는 것이었다면 공부를 미래의
투자로써 생각해 장기적인 공부 계획을 세웠을 것이고 직장에서도 목표
를 이루기 위해 공부를 해갈 것이다. 명문 대학교를 졸업하고 원하는 기
업에 취업했다고 하여 공부가 끝은 아니다. 지금까지의 공부는 사회에서
생존을 위한 준비에 불과했음을 알게 된다.

직장에서 목표를 이루기 위해 여러 지식과 경험을 쌓아 성과를 만든
다. 꿈이 있는 사람이 한자리에 머물지 않는 것은 승진만이 목표가 아니
기 때문이다. 안정적인 직장만이 행복의 기준이 아닌 것을 알기에 항상
새로운 것을 찾아 도전하는 것이다. 배움을 위해 진학을 하거나 새로운
경험을 쌓기 위해 이직을 하기도 한다. 이 모든 것이 가능한 것은 자신의
능력을 신뢰하기 때문이다.

영국의 평론가 토머스 칼라일은 목표의 중요성을 강조했다. "명확한

목적이 있는 사람은 가장 험난한 길에서조차도 앞으로 나아가고 아무런 목적이 없는 사람은 가장 순탄한 길에서조차도 앞으로 나아가지 못한다." 목표가 없는 공부는 나침반 없이 항해하는 배와 같다. 지식의 모든 것을 다 이해하고 경험하기에는 주어진 시간이 너무도 짧다. 시간은 무한하지 않기에 목표를 이루기 위한 계획이 필요한 것이다. 빠르다고 좋은 것만은 아니며 느리다고 나쁜 것만도 아니다. 잘못된 방향으로 길을 가다 보면 다시 돌아와야 하는 경우가 생기고 늦더라도 올바른 방향으로만 간다면 머지않아 목적지에 도착할 수 있다. 공부하면서 잊지 말아야 할 것은 '나는 왜 공부를 하고 있는가?'라는 질문이다. 이러한 질문은 공부하는 과정에서 공부의 목표가 희미해질 때 길을 안내해 주는 나침반 같은 역할을 한다.

러시아 시인 레프 톨스토이는 자신에게 해야 할 질문 세 가지를 제시했다. "첫 번째는 가장 중요한 사람은 누구인가?, 두 번째는 가장 중요한 일이 무엇인가?, 세 번째는 가장 소중한 시간은 언제인가?", 또 헝가리 심리학자 미하이 칙센트미하이는 "단 하나의 질문이 당신의 인생을 바꿔 놓을 수도 있다."라고 말했다. 미국의 방송인이며, 배우이고 사업가인 오프라 윈프리는 가치 있는 질문은 꿈을 꾸게 만든다며 "우리는 삶의 모든 측면에서 항상 '내가 가치 있는 사람일까?', '나는 무슨 가치가 있을까?'"

라는 질문을 끊임없이 자신에게 던지라고 말한다.

  다른 사람에게 물어볼 것이 아니라 자신에게 질문해야 하는 이유는 자신만이 해답을 알고 있기 때문이다. 늦더라도 해답을 찾으려 욕심내지 말고 내면의 소리에 귀를 기울여야 한다. 스스로 질문하고 답을 찾는 과정에서 목표는 더욱 선명해진다. 자신에게서 답을 찾으려는 노력은 마치 다른 사람보다 늦춰진 것처럼 느껴지게 하지만, 결코 자신을 뒤처지게 하지 않는다. 지금 당장 결과보다는 목표를 이루기 위한 지속적인 노력과 의지가 더욱 중요하다.

  서울 청원고등학교 배상기 교사는 꿈을 이루기 위해서는 매일같이 상상해야 한다고 한다.

  "대학을 가고자 하는 학생이라면 자신의 미래에 대해 상상하고 또 상
  상하기를 바란다. 그 상상이 현실적으로 어렵다고 생각되더라도 자신
  이 원하는 미래의 자신에 대해서 상상하고 또 상상해야 한다. 자신이
  원하는 대학에 진학하여 즐겁게 대학 생활을 즐기는 모습을 상상하고,
  성공자가 된 모습을 상상하라는 것이다."

  〈'자신의 미래를 상상하고 또 상상하라', 매일경제, 2018.08.09.〉

꿈의 크기는 얼마큼 상상력을 발휘했는지에 따라 달라진다. 누구도 상상하지 못했지만, 하늘을 나는 상상을 했던 라이트 형제가 있었기에 많은 사람이 비행기를 타고 세계를 갈 수 있게 되었다. 손안에서 세상을 볼 수 있게 만들겠다는 스티브 잡스의 상상력이 있었기에 스마트폰은 만들어졌다. 아직 성공해보지 않았거나 실패가 두려워 도전을 망설이는가? 오프라 윈프리는 꿈 앞에서 망설이는 사람들에게 이렇게 말한다. "조금도 위험을 감수하지 않는 것이 인생에서 가장 위험한 일일 것이라 믿습니다." 세상에 위험을 극복하지 않고 이루어진 위대한 것은 단 하나도 없다는 것을 알아야 한다.

멋진 삶이 꿈이라면 선명하게 상상하고 믿어라. 내면의 욕구를 자꾸 누르려 하지 말고 내면의 생각을 표현하고 실행하라. 벤저민 프랭클린은 "자신의 능력을 감추지 마라. 재능은 쓰라고 주어진 것이다. 그늘 안에 해시계가 무슨 소용이 있으랴."라며 자신의 재능을 적극적으로 활용하고 발전시키라고 말한다. 지금 당장 '나는 꼭 성공한다. 나는 할 수 있다!'라고 당당히 선포하라. 자신이 하고 싶은 일을 실행하고 갖고 싶은 것에 욕심을 내고 성취하라. 현재보다 더 나은 삶과 행복한 삶 그리고 아름다운 세상을 만들어가고 싶다면 더 많이 상상하고 믿고 실행에 옮겨야 한다.

두 번째, 해결할 수 있어야 한다

고다마 미츠오 교수는 저서『공부의 기술』에서 '노력의 성과를 내는 공부의 기술'을 소개한다. "결국, 공부도 스포츠처럼 기술이다. 아무리 맹연습을 하면서 하루해가 뜨고 지는 것을 보는 것만으로 최고가 될 수 없다. 공부 역시 위기를 극복하기 위한 노하우가 없다면 목표나 꿈을 이루는 일은 거의 불가능할 것이다." 공부는 스스로 계획하고 실천하며 문제해결의 기술을 습득하는 과정이다.

고다마 미츠오 교수는 아무리 노력을 해도 성과를 내는 공부는 따로 있다고 말한다. "어떤 사람이 동기부여는 물론 집중력도 높아서 10시간 걸리는 공부를 7시간 만에 학습할 수 있다면 그 사람은 공부의 달인 그룹에 들어갈 수 있다. 소질이나 머리가 좋고 나쁨은 그다지 관계가 없다. 뇌 과학과 심리학의 법칙에 실려 있는 스마트한 방법을 활용하면 공부의 효율은 2배~3배가 될 수 있다." 즉 뇌가 좋아하는 방법으로 공부를 해야 원하는 성과를 낼 수 있다는 것이다.

학생은 공부를 통해 문제 해결 능력을 키워간다. 어른이 되어서는 과거의 지식과 경험으로 마주하는 문제를 해결해 간다. 아무리 어려운 문제와 맞닥뜨려도 '할 수 있다.'는 자신감이 있다면 어떠한 문제도 해결할 수 있다. 직장에서 오랜 시간 일을 해도 팀의 장은 될 수 있지만, 사장이 되기는 어렵다. 다른 사람의 계획을 단순히 따르거나 자기 생각을 잃어 버린다면 성장의 기회도 놓치고 만다.

고다마 미츠오 교수는 "아무리 머리가 좋다고 해도 포기하는 사람은 공부 우승자의 그룹에 포함될 수 없다. 공부는 시행착오의 반복이다. 끈기 있게 정답을 찾을 때까지 공부를 포기하지 않는 것이야말로 공부 달인들의 공통적인 행동이다."라며 어려운 문제를 풀 때 뇌에서 도파민이 분비되어 쾌감을 얻게 된다고 한다. 공부의 달인이 되기 위해서는 끈기 있게 학습해야 한다.

세계적인 성공학 연구자인 나폴레온 힐은 "열망을 실현하기 위해 명확한 계획을 세우고 즉시 시작하라."라고 말했다. 공부 계획은 자신의 강점, 성향, 환경과 현실에 맞게 세워야 한다. 자신에게 맞지 않는 무리한 공부 계획은 포기로 이어져 자신감을 떨어뜨린다. 〈맛있는 공부〉의 오선영 기자는 "공부 계획은 학생 개인별 성향에 따라 세워야 한다. 시간대별로 촘촘하게 세워야 시간 낭비를 하지 않는 학생도 있고, 여유 있게 세워야 지치지 않고 잘 실천하는 학생도 있다."라고 자신의 성향에 맞는 공부의 중요성을 말해준다. 에듀플렉스 이병훈 부사장 역시 "서울대생들은 대부분 현실적인 공부 계획을 세운다. 능력에 맞지 않게 조밀한 계획을 세워 공부 내용과 상관없이 계획을 지키는 데만 급급한 학생이 많기 때문이다. 여유 있게, 즉 현실성 있는 계획을 세워 실천하는 게 바람직하다."라고 말했다.

자신에게 맞는 공부 계획은 어떻게 세울 수 있을까? 도서관에서 오랜 시간 집중할 수 있는지는 경험해보면 알 수 있다. 오랜 시간 집중하는 게 힘들다면 다른 방법을 찾아보는 것이다. 공신들은 등산하면서 암기를 하고, 지하철에서, 운동하면서도 공부를 한다. 대화 중에 응용 능력을 기르고 질문으로 지식을 체계화한다. 이처럼 자신의 성향을 기준으로 공부를 이끌어간다. 오랜 시간 공부를 했어도 성장의 기쁨을 느끼지 못하는 것은 주도적인 공부를 하지 않았기 때문이다.

공부하면서 예상되는 방해 요소를 사전에 파악해두면 돌발 상황에 대처할 기회가 된다. 모임, 교육, 경조사 등 예측이 가능한 상황을 충분히 고려하거나 예상치 못한 상황을 대비해 공부를 보충할 수 있는 일정도 반영해야 한다. 게임에서 벗어나려고 하면 게임의 유혹들이 생겨나는 것처럼, 공부하고자 마음먹은 순간 방해 요소가 나타나기 시작한다. '해도 안 된다.', '다음에 하자.'는 유혹들을 지혜롭게 대처해가야 한다. 아무리 완벽하게 공부를 계획했어도 변화하는 환경에 대처하지 못한다면 사막에서 오아시스를 찾아 헤매는 것이나 다름없다. 기업 역시 환경 변화에 대처하지 못하면 결국 무너지고 만다. 공부도 기업의 경영처럼 계획한 대로 잘 진행되고 있는지, 수시로 점검하고 주변의 환경 변화에 유연하게 반응하고 대처해나가야 한다. 변화에 대처하지 않고 내버려둔다면 언제고 방해 요소로 작용하게 된다.

공부도 간절한 마음 없이는 뜻대로 되지 않는다. 시험을 준비하는 수험생은 '어떻게 하면 합격할 수 있을까?' 하며 스스로 질문하고 목표에 집중하기 때문에 정보를 빨리 습득한다. 주변을 무시한 채 나 홀로 공부를 하겠다는 생각은 버리고, 경쟁자이지만 서로 정보를 공유해 목표를 성취해가는 전략이 필요하다.

공부 자신감은 신용과 같다. 담보가 없어도 신용이 있으면 대출할 수 있고 실패한 사람도 신용이 좋으면 도움을 받을 수 있다. 신용이 있는 사람에게는 모든 것이 기회이다. 스스로 계획한 공부는 자신과의 약속이다. 자신과의 약속을 지켜나갈 때 자신감이 높아지고 신뢰는 쌓여간다. 프랑스 시인 빅토르 위고는 계획적인 삶이 결국 자신의 미래를 안내한다고 했다. "매일 아침 하루를 계획하고 그 계획을 실행하는 사람은 극도로 바쁜 미로 같은 삶 속에서 그를 안내할 한 올의 실을 지니고 있는 것이다. 그러나 계획이 서 있지 않고 단순히 우발적으로 시간을 사용하게 된다면 곧 무질서가 삶을 지배할 것이다." 자신과의 약속을 지키기 위해 최선을 다한다면 결과가 어떻든 신뢰할 수 있다.

공부가 힘들고 유혹이 찾아와도 할 수 있다는 자신감을 잃지 말고 어떤 상황에서도 자신을 신뢰하라. 결과가 생각만큼 미치지 못한다 해도 자신에 대한 확고한 믿음과 끈기로 공부해 간다면 결국 목표는 이루어진다.

세 번째, 응용할 수 있어야 한다

괴테는 가장 유능한 사람을 일컬어 "가장 배움에 힘쓰는 사람"이라고 말했다. 손자병법은 "공부 잘한 사람만이 사회에서 성공하는 것 아니다. 배운 것을 응용할 줄 알아야 한다."라고 했으며, 주자는 "널리 배우고 자세히 물으며 깊이 생각하고 분명히 분별하며 꾸준히 실천하라."라고 말했다. 세상에 정답이 없는 문제가 없는 이유는 설명할 수 없는 문제를 낼 수는 없기 때문이다. 즉, 출제자는 수험생도 이해할 수 있는 문제를 만들어내기에 풀리지 않는 문제는 없다.

시험의 결과를 결정짓는 중요한 요소는 시간이다. 공부에 얼마나 많은 시간을 투자했는지가 성적을 결정하기 때문이다. 시험 시작부터 어려운 문제에 시간을 쏟다 보면 다른 문제를 풀이할 시간을 놓치게 된다. 운동하기 전 몸을 풀듯이 자신 있는 문제부터 풀이하다 보면 자신감이 생겨나고 점차 탄력을 받아 집중력을 발휘하게 된다.

　지식인이란, 지식의 많고 적음이 아니라 언제든 배울 준비가 되어있으며 어디서든 공부할 준비가 된 사람이다. 괴테는 유능한 사람을 일컬어 '배울 준비가 된 사람'이라고 했다. 트라이언 에드워즈는 '어떤 것을 완전히 이해하고자 할 때는 그것을 다른 이에게 가르쳐보라.'고 했다. 공부는 즐겨야 한다. "배우기만 하고 생각하지 않으면 얻는 것이 없고, 생각하기만 하고 배우지 않으면 위태롭다."는 공자의 말처럼 공든 탑을 무너뜨리지 않기 위해서는 올바른 공부의 방향성이 중요하다. 시작부터 가르치기 위한 공부를 한다면 정리하면서 공부를 하게 된다. 공부로 성장하기 위해서는 배우고, 이해하고, 가르치는 3가지를 실천해야 한다.

　공부는 자신을 비롯한 모두를 성장시킬 수 있어야 한다. 관계에서도 함께 성장할 수 있는 친구를 가까이해야 한다. 다산 정약용은 유배지에서 자녀에게 편지로 친구의 소중함을 말했다. "유익한 벗이 세 가지고 손해되는 벗이 세 가지다. 정직하고 성실하고 견문이 많으면 유익한 벗이고, 편벽되고 아첨을 잘하고 말만 잘하면 해로운 벗이다." 정약용은 누구와 함께하느냐가 인생에 영향을 미친다는 것을 자녀들에게 당부하였다.

'만유인력의 법칙'을 발견한 뉴턴은 자신만의 힘으로 문제를 해결하지 못했고 '케플러 법칙'을 발판 삼아 완성했다. 만약 케플러 법칙이 없었다면 만유인력의 법칙은 이 세상에 존재하지 못했을 것이다. 공부 머리를 기르기 위해서는 공신들의 생각과 행동을 벤치마킹해야 한다. 그들의 공부법을 전부 자신의 것으로 받아들일 수는 없지만, 꾸준히 배우고 노력한다면 머지않아 자신도 공신이 될 수 있다.

수많은 식당 중에 맛집은 따로 있다. 같은 음식을 만들지만 특별하게 맛있는 음식은 꼭 있기 마련이다. 손님들은 맛으로 식당을 평가한다. 많은 사람이 공부하지만 배운 것을 가르칠 수 있는 사람은 몇 안 된다. 가르칠 수 없는 것은 공부를 완벽히 자기의 것으로 만들지 못했기 때문이다. 맛집만의 레시피가 있는 것처럼 공신들 역시 그들만의 공부법이 있다. 그래서 족집게 레시피를 가진 강사가 있는 학원은 수험생이 넘쳐나는 것이다.

공부가 계획대로 되지 않는 것은 공부보다 더 급하고 중요한 일들이 생겨나기 때문이다. 어떨 땐 공부를 포기해야 할 경우도 생긴다. 무조건

앞만 보고 달리다 보면 갑작스레 나타나는 상황에 대처할 수 없게 된다. 도로에 장애물이 있을 때 잠시 차를 세워 장애물을 제거하고 운전하면 안전하게 목적지에 도착할 수 있다. 때로는 공부보다 더 중요한 일이 생긴다면 잠시 멈춰 문제를 해결한 후 다시 시작해도 괜찮다.

자기 주도 학습은 마치 느린 것처럼 느껴지지만 결국 노력한 만큼의 성과로 돌아온다. 공부는 오랜 시간 지속할 때 그 성과를 제대로 볼 수 있기 때문이다. 율곡 이이도 "공부는 꾸준히 해나가야 성과를 볼 수 있는 것이다."라고 했다. 적은 노력으로 이루어낼 수 있는 것도 있지만, 공부는 꾸준히 노력하지 않으면 안 된다. "공부란 늦춰서도 안 되고 성급해서도 안 되며 죽은 뒤에나 끝나는 것이다. 만약 공부의 효과를 빨리 얻으려 한다면 이 또한 이익을 탐하는 마음이다. 공부는 늦추지도 않고 서두르지도 않으면서 평생 꾸준히 해나가야 한다."라며 빠른 성과에 욕심을 부린다면 성과는 고사하고 치욕을 당하게 할 뿐이라고 했다.

공부의 성과를 눈에 보이게 만들어놓으면 공부를 지속할 수 있는 동기 부여가 된다. 공부는 꾸준함이 중요한데 성과를 실시간으로 확인할 수 있다면 내적 동기가 되어 공부에 탄력이 붙게 할 수 있다. 또한, 공부와 업무를 응용시켜 성과를 만들어낸다면 자신은 물론 조직도 함께 성장할 수 기회가 된다.

네 번째, 공부를 정리하라

시험을 끝내고 공부한 내용을 정리하면 다음 시험을 준비할 수가 있다. '왜 실수를 했을까, 다음에 더 잘하면 되지!'라고 끝내버린다면 지금까지의 노력은 잊히고 같은 실수를 반복하게 되어 공부 자신감은 떨어진다. 시험이 끝나면 결과를 근거로 개선 방안을 검토하고 공부 계획을 세워야 한다.

반복되는 실수를 줄이기 위해서는 공부법의 변화가 필요하다. 익숙해져버린 공부 습관은 웬만한 절박함이 있지 않고서는 변화시키기 어려운데 공부에도 성향에 맞는 방법이 있기 때문이다. 운동할 때 무조건 열심히 연습한다고 해서 실력이 늘지 않는다. 자신의 장점을 토대로 연습할때 실력이 향상된다. 공부를 정리하는 과정에서 알지 못했던 내용을 발견하고 보완한다면 다음 시험 때는 분명 좋은 성과를 얻게 된다.

오랜 시간 공부를 했어도 나아지지 않는 것은 온전히 몰입하지 못했기 때문이다. 공부에 몰입하지 못하는 가장 큰 원인은 반복된 실수 때문이다. 실수가 반복되는 것은 잘못된 공부 습관의 변화가 없다는 것이기도 하다. 반성하지 않으면 성장할 수 없고, 성장하지 못하면 결국 공부에 지쳐 포기하고 만다. 에디슨이 말하는 바보는 '반복된 행위'를 하는 사람을 말한다. 지식을 정리하는 것은 서랍장을 정리하는 것과 같다. 공부 습관에 변화를 줌으로써 시간을 효과적으로 활용하고 꼭 필요한 것에 집중할 수 있게 한다. 반복된 실수를 반성하기 전 자신에게 '무엇을', '어떻게' 해야 하는지 물어본 후 실수의 원인을 고민하고 대책을 세워야 한다. 또다시 시간을 낭비하지 않기 위해서는 좋은 습관은 발전시키고 나쁜 습관은 과감히 개선해야 한다.

다섯 번째, 가르칠 수 있어야 한다

공부는 다양한 지식을 활용해 문제 해결 능력을 키우며 자기 계발의 기회를 만들어낸다. "공부 잘하는 아이들은 그들만의 공부법이 있다. 상위 0.1% 아이들을 만나 공부에 관해 물으면 '내가 나를 가르친다.'라는 대답이 의외로 많았다. 전문가들은 '내가 나를 가르치듯' 공부하면 기억력과 암기력이 강해진다."고 말했다. 『질문형 학습법』의 저자 이영직은 "내가 나를 가르친다는 것은 내가 배움의 주체가 된다는 의미이다. 배움의 주체와 객체의 차이는 생각보다 크다."라고 했다. 그는 미국에서 있었던 학습 실험 한 가지를 예로 들었다. 두 사람에게 낯선 도시를 여행하게 했다. 한 사람은 운전을 하고, 한 사람은 조수석에 앉아 낯선 도시를 여행했다. 여행이 끝난 후 두 사람에게 도시에 관해 물었더니 무려 4.7배의 정보 격차가 나타났다.

로마제국의 황제 네로의 스승인 세네카는 "인간은 가르치고 있는 동안 배운다."라고 배움의 중요성을 말했다. 족집게 강사가 가진 특별한 능력은 공부를 잘 가르치는 것에 그치는 것이 아니라, 가르치는 과정에서 지식을 체계화한다는 것이다. 연극을 할 때 청중을 위해서 열심히 하는 것보다 연기에 최선을 다할 때 청중으로부터 기립 박수를 받을 수 있다.

족집게 강사가 인기 있는 이유는 배우려는 열정이 그들이 공부 의욕과 맞아떨어지기 때문이다. 수많은 학원이 있지만 어떤 학원은 수강생으로 발 디딜 틈이 없는 반면 몇 명의 수강생을 모집하기 힘든 학원도 있다. 강사의 가치는 수강생이 판단한다. 족집게 강사들에게는 그들만의 교육 철학이 있다. 가르치기 전 가르칠 이유를 고민하고 잘 가르치기 위한 계획과 교육의 가치를 결정한다. "교육의 목적은 기계를 만드는 것이 아니라 인간을 만드는 데 있다."라고 계몽주의 철학자 루소는 말했다. '공부하기 전에 먼저 사람이 되어야 한다.'는 말처럼 가르치기 전 공부의 목적을 바로 세우는 것이 중요하다.

공부에서 열정은 중요하다. 열정이 있는 강사는 학생들 스스로 공부할 수 있게 만들어 공부를 즐기게 만든다. 가르치고자 한다면 공식 하나만으로도 감동을 줄 수 있어야 한다. 미국의 철학자 존 듀이는 "교육의 참된 목적은 각자가 평생 자기의 교육을 계속할 수 있게 하는 데 있다."라며 교육의 진정성을 말한다. 강의를 시작하기 전 수강생들이 듣고 싶어 하는 것은 무엇인지 생각하며 강의를 준비한다면 수강생은 감동할 것이다. 틀에 박힌 공식으로 수강생의 시간을 빼앗는다면 다시는 그 학원을 찾지 않을 것이다. 그런 공식은 인터넷과 참고서에도 넘쳐나기 때문이다. 수강생의 수준을 분석한 후에는 적합한 강의 계획과 수업을 준비해야 한다.

W. 잉게는 "교육의 목표는 사실의 지식이 아니라 가치의 지식이다."라며 교육에 있어서 가치의 소중함을 말했다. 공부의 가치는 요령을 가르치는 것이 아니라 생각하는 힘을 길러주는 것이다. 단순히 문제 풀이에만 목적이 있다면 그런 능력은 계산기만으로도 충분하다. 수강생에게는 산술 능력이 필요한 것이 아니라 문제를 해결하고자 하는 내적 동기가 필요한 것이다. 문제를 해결해 가는 과정에서 다른 지식이 연결되고 창의성이 발달하게 된다. 미국의 대표 작가 토머스 핀천은 "학생에게 배우고자 하는 의욕을 교양시키지 않으면서 교육하려는 교사는 달구지 않은 쇠를 두들기는 것에 지나지 않는다."라고 말했다.

가르치는 사람은 지식을 체계화시켜 차별화된 교육이 되도록 해야 한다. 아무리 뛰어난 강사도 준비 없이는 교육의 목표를 달성할 수 없다. 가르치기 전 학생의 수준을 분석하여 교육 계획을 수립하는 것은 물론 강의 속에 노력과 열정이 깃들어 있다면 그 마음이 전달되어 학생들의 의지를 북돋아준다. 그리스 철학자 플라톤은 "소년들을 엄격과 강압으로 공부시키지 말고 그들이 흥미를 느낄 수 있도록 이끌어준다면, 그들이 마음의 의욕을 발견할 것이다."라고 했다.

세상에서 가장 강력한 힘은 젊음이다

"공부는 인간이 자연의 법칙과 세상의 진리를 깨닫고, 자신의 역량을 발전시키며, 현재의 한계를 뛰어넘기 위해 끊임없이 노력하는 과정이다. 무엇보다도, 공부는 우리가 앞으로 나아가는 길에 불가피한 인도자이자 지름길이며, 성취와 성공으로 이끄는 신념의 나침반이다."

– 벤저민 디즈레일리

예습

예습은 수업이 시작되기 전 해당 주제나 내용을 미리 학습하고 준비하는 사전 학습이다. 예습은 수업이 진행되기 전에 사전 학습을 통해 새로운 지식이나 개념에 먼저 접하게 되어 수업 시간에 더 깊이 있는 학습과 이해를 도모하는 데 도움을 준다. 예습을 위해서는 공부 계획에 예습 시간을 반영하고 그 시간을 지켜야 한다. 또한, 예습의 목적을 명확히 하고 목표에 맞는 학습 자료나 교재를 준비하면 효율적으로 학습을 할 수 있다.

복습

복습은 학습한 내용을 되짚어보고 다시 한번 확인하며 기억을 강화하는 학습을 말한다. 학습에서 복습은 핵심 개념과 정보를 장기 기억에 옮기는 데 도움을 주며 지속적인 학습과 기억을 유지하기 위한 필수적인 학습이다.

예습의 목적은 공부를 시작하기 전 교육목표와 새로운 지식과 개념을 사전에 이해하는 데 있지만, 복습은 공부한 내용을 완전히 자기 것으로 만드는 과정이다. 공부를 잘하는 학생들을 대상으로 한 설문 조사 결과에 따르면 예습보다 복습의 효과가 더 중요하다고 한다. 아무리 오랜 시간 공부했어도 복습을 하지 않으면 기억되지 않는다. 배운 것을 오랫동안 기억하기 위해서는 복습이 필요하다.

장소에 구애받지 않고 복습을 하는 방법은 두꺼운 수험서를 휴대하기가 편리하게 만드는 것이다. 수험서를 요약해 자주 입는 옷의 주머니 크기에 맞춰 포켓노트를 만들면 항상 지니고 다닐 수 있다. 요약한 노트를 사진으로 찍거나 녹음하여 다니는 것도 좋다. 자투리 시간인 휴식 시간, 차를 타는 시간, 점심시간, 산책 시간, 무심코 흘러가는 시간을 잘 활용한다면 복습의 횟수를 늘릴 수 있다.

오해받지 않는 방법

세상에서 오해와 곤경에 빠지지 않는 두 가지 방법은 '티 내지 않고 적당히 하기'와 '시키는 대로 하는 것'이다. 첫 번째 방법은 세상의 눈치를 보며 사는 것이고, 두 번째는 자신의 존재를 세상 뒤에 숨기는 것이다. 이 두 가지 방법은 주위 사람과 적당한 관계를 갖고 문제는 일으키지 않지만, 자신의 존재를 영원히 잃게 만드는 세상이 원하는 방식이다. 세상은 '사돈이 땅 사면 배 아프다.', '남들 하는 만큼만 하면서 살라.'는 속담을 내세워 남들에게 미움받지 않을 방법을 말해준다. 하지만 사람들은 '사돈이 땅 사면 배 아프지 않다.' 왜냐면 다른 사람의 인생에 신경 쓸 겨를이 없기 때문이다.

기시미 이치로는 『미움받을 용기』에서 "행복해지려면 미움받을 용기도 필요하다."라고 말한다. 미움받을 용기가 생겼을 때 인간관계도 한순간에 달라질 수 있다. 주변 사람들로부터 오해받을 것이 두려워 자신을 표현하지 못하고 숨죽여 산다면 어느 순간 자신을 잃어버리게 된다. 『나는 희망의 증거가 되고 싶다』의 저자 서진규 박사는 말한다. "당신의 꿈을 세상과 온 우주에 당당하게 선포하십시오. 하늘은 스스로 돕는 자를 돕는다고 했습니다. 사람도 스스로 꿈을 이루기 위해 발버둥 치는 사람을 도와주고 싶어 합니다. 당신이 꿈을 선포하는 순간 온 세상과 우주는 당신을 도와주기 위해 움직일 것입니다."

자신의 삶에 열정을 쏟을 것인지 세상이 원하는 삶을 살아갈 것인지에 대한 선택이 필요하다. 젊음은 세상이 만들어놓은 틀을 깰 수 있는 강력한 힘을 지녔기에 세상이 가장 두려워한다. "세상이 원하는 대로 살다 보면 곧 자신을 잃어버린다. 자신을 잃어버리면 모든 것을 잃게 되는 것이다." 자신이 원하는 삶을 살기 위해서는 세상을 외면하는 것이 아닌 세상을 뛰어넘는 삶을 살아가야 한다.

방해받지 않는 공부

공부를 방해받지 않기 위해서는 업무에 최선을 다해야 한다. 열 번 잘해도 한 번 실수하면 업무에 전념하지 않는다는 오해를 받게 된다. 업무를 꼼꼼히 확인하고 완벽하게 일 처리하는 습관을 들여야 한다. 또한, 공부한다고 나서서 알릴 필요는 없다. 꾸준히 하다 보면 자연스럽게 알려지기 때문이다. 평소 동료의 사생활에 관심이 많은 사람이 있다. 퇴근 후나 주말에 '뭐 하느냐?'는 질문을 받을 때면 가족 모임이나 일이 있다고 간단하게 말하면 된다. 남의 일에 관심이 많은 사람은 상대방에게 관심이 있는 것이 아니라, 화젯거리가 필요하기 때문이다.

누구나 살면서 주변의 눈치를 보며 살아간다. 학교에서는 선생님, 직장에서는 상사, 집에서는 가족의 눈치를 본다. 많은 사람이 서로의 눈치를 보고 사는데 정작 중요한 것은 나 자신의 눈치는 보지 않는다는 것이다. 이제부터는 자신의 꿈과 목표에 관심을 쏟아야 한다. 사사건건 주변에 관심이 많은 사람은 할 수 있는 게 없거나 자신의 이익을 위해서 주변을 살피는 것이다. 그들 때문에 스트레스를 받거나 깊게 고민할 필요는 없다. 남의 눈치 때문에 하고 싶은 것을 양보하고, 포기하고, 참고 살다 보면 결국 자신만 홀로 남겨진다. 그것은 내 인생의 주인인 자신의 눈치를 보지 않은 결과이다.

혜민 스님은 저서 『멈추면, 비로소 보이는 것들』에서 나 자신의 소중함을 말한다. "그 누구에게도 내 인생의 결정권을 주지 마십시오. 내가 내

삶의 주인입니다." 과거를 돌아보면 부모님, 선생님, 주변 사람들로부터 수많은 인생 조언 듣고 살아간다. 하지만 그토록 소중한 이야기를 듣고도 마음으로 받아들이지 않았으니 잔소리가 되는 것이다. 아무리 좋은 이야기를 해줘도 듣는 사람은 관심이 없는데, 더구나 상처 주는 말을 한다면 그 사람을 떠나게 만든다. 때로는 상대방이 받아들일 준비가 될 때까지 말을 아끼고 기다려주는 것이 문제를 해결해준다. 주변의 말로 공부가 방해되는 것에 신경 쓸 필요는 없다. 그들의 반응은 내게 관심이 있는 것이 아니라, 어떻게 대응하는지를 확인하려는 것뿐이다.

인생의 의미와 꿈을 찾기 위해 도전해야 한다. 삶의 끝에서 내 삶에 충실했다고 말할 수 있어야 한다. 시간은 하고 싶은 일만 하며 살기에도 항상 부족하다.

05

목표가 확실한 공부가 성공을 이끈다

> "목표가 확실한 사람은 아무리 거친 길이라도 앞으로 나갈 수 있다. 그러나 목표가 없는 사람은 아무리 좋은 길이라도 앞으로 나갈 수 없다."
>
> – 토마스 칼라일

목표를 시각화하라

공부를 통해 삶에 변화를 가져오려면 목표를 상상하고 시각화해야 한다. 예를 들어, 요리사 자격증을 획득하려면 근사한 호텔에서 요리하는 모습을 넘어서 사람들이 그 음식을 맛보기 위해 줄을 서는 상황을 상상하고 떠올려 보는 것이다. 이러한 이미지를 자주 상상하며 '나는 할 수 있다.'라고 스스로 다짐해야 한다.

영국 모슬리 박사는 '상상 운동의 효과 실험'으로 효과를 입증하였다. 실험은 한 달간 운동을 전혀 하지 않고, 일주일에 5회씩 약 15분간 운동하는 상상만 하는 것이었다. 결과는 근육 힘이 평균 8% 향상되었고, 한 여성은 33% 근력이 향상되었다. 목표를 설정할 때는 이미 성취된 모습을 상상하며 계획을 세워야 한다. 자신의 기준에 따라 단기적인 목표부터 시작하여 장기적인 목표까지 순차적으로 계획을 진행한다. 목표 달성의 기준은 사람마다 다르다. 그러나 기본적으로는 나이, 경제력, 환경 등을 고려하여 월간, 분기, 반년, 연간 단위로 계획을 세운다. 계획을 계속해서 검토하고 수정하다 보면 목표는 더욱 명확해지고 강력한 실천 의지가 생겨난다.

불가능에 도전하라

박태균의 저서 『한국전쟁』에는 불가능했던 인천상륙작전을 가능한 작전으로 바꾼 맥아더 장군에 관한 이야기가 나온다. 1950년 9월 15일 미 합동참모본부는 맥아더의 인천상륙작전에 대해서 비관적인 결론을 내렸다. 인천 지역의 조수 간만의 차가 너무 크고, 인천 앞바다에 있는 월미도를 비롯한 섬들이 장애물이 될 수 있다는 이유 때문이었다. 맥아더는 모든 사람이 말하는 불가능을 믿지 않았다. 불가능이란 말조차 사람이 만들어낸 것이라 여겼다. 맥아더는 결국 인천을 선택했고, 상륙작전은 성공했다.

'불광불급'이란 '미치지 않으면 이루지 못한다.'는 뜻이다. 목숨 걸고 하면 이루지 못할 것이 없다. 세계 최초로 히말라야 16좌를 완등한 산악인 엄홍길 씨는 "미치지 않으면 그 분야에서 일인자가 될 수 없다. 정말 제대로 미치지 않고서는 어느 일도 할 수 없다. 내 꿈은 산의 정상에 있다. 물론 가는 과정에서 죽을 수도 있지만, 이 과정을 거치지 못하면 나는 정상에 올라갈 수가 없다."

안나푸르나 등반 중에 엄홍길 씨는 다리가 부러지는 사고를 당했다. 한국에 돌아와 수술했는데 주치의가 걸어 다닐 수는 있지만, 산을 오를 수는 없다고 했다. 그러나 그는 사고 5개월 만에 북한산에 올랐고 10개월 만에 안나푸르나 등정에 성공했다. 최악의 상황에 직면했을 때조차도 목표에 대한 희망을 버리지 않은 엄홍길 씨의 모습에서 목표를 갖고 노력하는 것이 얼마나 중요한지 알 수 있다.

『리더의 길이 보이는 옛글』, 오동희

과음을 피하라

김희진 한양대 신경과 교수는 2017년 8월 11일 〈매일경제〉를 통해 술이 뇌에 미치는 영향에 대해 "알코올은 직접적으로 사고와 기억을 하는 전두엽과 소뇌의 기능을 마비시킨다. 알코올이 전두엽을 공격함으로써 충동적이고 과격한 행동을 한다. 과음을 지속하면 사용되지 못한 뇌 신경세포가 죽는다."고 했다. 술로 인한 뇌 손상을 줄이거나 회복시킬 방법으로 첫 번째, 비타민 B1·B2와 충분한 물·음식을 섭취하고 두 번째, 꾸준한 운동을 제시했다. 운동은 유산소운동과 근력 운동을 병행해야 한다. 유산소운동은 혈액순환을 촉진해 알코올이 체내에서 빨리 빠져나가도록 돕고 뇌에 혈액 공급을 원활하게 하면서 손상된 뇌를 회복시킨다.

술을 마신 후에는 운동을 피하는 것이 좋다. 술을 마신 후 운동을 하게 되면 근육에 피로가 발생하며 이는 몸에 해롭다. 따라서 술과 운동은 분리하여 실천하는 것이 바람직하다. 운동은 건강을 위한 중요한 행동이지만, 올바르게 알지 못하고 하는 운동은 오히려 건강에 해로울 수 있다. 술을 마신 후에는 체력 단련의 종목과 운동 강도를 술의 양에 따라 조절해야 한다. 술은 공부에도 많은 영향을 미친다. 과음하면 공부 일정에 차질이 생기고 밀린 공부는 고스란히 누적되고 만다.

술자리는 공부 계획에 영향을 미치므로 일정 관리가 필요하다. 모임에서 술을 마시지 않을 수 없는 경우, 술을 마실 수 있는 시간을 계획해두는 것이 좋다. 회식 가능한 일정을 미리 공지해두면 사람들이 무리하게 술을 권하지 않는다.

공부를 최적화하는
SWOT 공부법

· · · · · · · · ·

〈공부의 제왕〉 MC를 맡았고, 학생들에게 공부의 신으로 알려진 평범한 강성태. 그는 대한민국 교육을 혁신하겠다는 포부를 가지고 있다. 그가 말하는 공부의 핵심은 바로 이것이다.

"나를 천재로 낳아주지 않은 부모님을 원망할 때도 많았다. 놀 건 다 놀고 공부 잘하는 친구들을 보면 열등감에 숨이 막혔던 적도 여러 번이었다. 시험 기간에 불안해서 우황청심환을 비타민처럼 집어삼키던 슬픈 기억도 새록새록 떠오른다. 하지만 나는 늘 나만의 공부 방식을 찾기 위해 꾸준히 노력했고, 내 능력이 부족한 만큼 항상 효과적인 학습법에 관심을 가졌으며, 그것을 하나하나 실천해 나갔다."

『강성태의 공부혁신』, 강성태

강성태는 "우리는 각자의 환경도, 성적도, 성격도 다르므로 각자의 공부 방식을 고집하는 것은 바람직하지 못하다."라며 자신에게 맞는 최적의 공부법을 찾는 것이야말로 공신이 되는 지름길이라고 했다. 최적의 학습 조건은 자신의 성향과 환경을 가장 잘 알고 있는 스스로가 만들어야 한다. 어떤 천재도 다른 사람의 계획을 그대로 따르지 않았다.

공부에는 끈기가 필수적이며 공부의 가장 큰 장애물은 자신의 내면에 있다. 손자병법에서 '적을 알고 나를 알면 백전불태'라고 했다. 자신의 성향에 맞는 공부 방식은 장거리 경기에서 우승을 거머쥘 수 있는 중요한 요소이다.

강요된 학습은 시간이 지날수록 인내심의 한계에 달하게 만들어 공부 의지를 떨어뜨린다. 한 번 꺾인 의지는 쉽게 회복되지 않으며, 강요된 학습은 결국 공부를 포기하게 만들어 방황하게 한다. 빌 게이츠는 "인생은 스스로 알아서 하지 않으면 아무도 아무것도 가르쳐주지 않는다."라고 했다. 강요는 생각 없이 단순한 행동을 유도하며 사람을 수동적으로 사고하게 만든다. 발명왕 에디슨은 수업과 그의 성격이 잘 맞지 않아 학교를 중퇴했음에도 홈스쿨링만으로 위대한 발명가로 성장했다. 자신에게 맞지 않는 공부는 언제 터질지 모르는 바늘 위의 풍선과 같다. 공부는 단순히 지식만을 쌓기 위한 것이 아니다. 올바른 공부는 두뇌를 단련시켜 사고력을 획기적으로 향상시키는 반면에 강요된 공부는 부정적인 결과를 만들어낸다.

세상에는 많은 사람이 존재하지만 단 한 사람도 자신과 똑같은 사람은 없다. 각기 다른 언어와 문화를 가지고 자신만의 성향과 생각으로 살아갈 뿐, 같은 생각으로 살아가지는 않는다. 학교에서의 수업 시간은 각자 개인의 성향을 고려한 것이 아닌 많은 데이터와 전문가들에 의해 증명된 학습 모델을 기반으로 한다. 하지만 이러한 학습 모델이 모든 학생의 성향에 완벽하게 부합하지는 못한다.

공부의 신 강성태 역시 "공부는 결국 혼자서 이해하고 설명할 수 있어야 한다."며 자기 주도 학습의 중요성을 말했다. "공부의 기본 원리는 질문과 반복인데 이를 망각하고 그저 학원 선생님께 끌려다니다 보면 자신에게 남는 것은 하나도 없다." 결국, 시험장에서는 혼자서 문제를 해결해야 하므로 초기부터 스스로 공부하는 습관을 기르는 것이 중요하다. 스스로 학습하는 과정은 시간이 필요하지만, 자신만의 공부법을 찾게 되면 공부에 탄력이 붙기 시작한다.

인류 역사 속에서 공부와 지식은 빈부의 격차를 형성하는 요인 중 하나였다. 지식을 가진 사람들은 알지 못하는 사람들을 지배하였고, 반대로 지식이 부족한 사람들은 지식을 가진 사람들에 의해 지배받았다. 이러한 현상은 공부와 지식이 신분제도를 형성하는 데 기여했다. 오랜 시간 공부는 특정 계층의 선택적 특권으로 여겨졌다.

공부의 신 강성태의 말처럼 "우리는 모르는 것을 알게 되어 느끼는 그 기쁨, 우리는 이런 기쁨을 누구라도 자유롭게 느끼는 좋은 시대를 살아가고 있다." 우리는 누구나 마음만 먹는다면 배움의 기쁨을 느낄 수 있는 시대를 살아가고 있다. 인공지능이 가질 수 없는 욕구 본능, 행복추구권, 성격과 감정을 사람은 가지고 있다. 감정이 없는 로봇은 준비된 알고리즘을 이용하여 원하는 대로 조종할 수 있지만, 감정을 가진 사람은 계획대로 움직이게 할 수 없다. 미국의 영화배우 캐럴 크레이틴 버넷은 "자신만이 자신의 인생을 바꿀 수 있다."고 말했다.

'맹모삼천지교'에서 보듯 맹모는 자녀 교육을 위해 세 번이나 거주지를 옮겼다. 맹자는 어릴 적 묘지 근처에서 살았다. 맹자가 늘 즐겼던 놀이는 죽음을 슬퍼하고 발을 동동 구르며 시체 매장하는 일을 흉내 내는 것이었다. 두 번째 살았던 곳은 시장 근처였다. 그랬더니 맹자는 시장 풍경을 따라 하며 물건 파는 상인들의 모습을 흉내 내는 것이었다. 이에 맹자의 어머니는 '이곳 역시 자식을 키울 만한 환경이 못 된다.'며 이번에는 학교 근처로 이사를 했다. 학교 근처에서 맹자는 예절과 다양한 의식을 따라하는 놀이를 하게 된다. 맹모는 '드디어 이곳이야말로 자식을 키울 만한 환경이구나!' 하고 그곳에 눌러살게 된다. 어머니의 노력으로 맹자는 지성인이 갖춰야 할 다양한 교양을 익혀 마침내 대학자의 영예를 얻는다는 교훈을 준다.

과연 맹모는 생계를 책임져야 하는 상황에서 어떻게 세 번이나 이사할 결단을 내릴 수 있었을까? 맹모가 결단을 내릴 수 있었던 이유에는 맹자에게 학습 분위기를 조성해주겠다는 단순한 논리만 있었던 것은 아니었다. 만약 학습 분위기에만 초점이 맞춰져 있었다면 흔히 말하는 족집게 강사를 찾거나 유명한 학원에 데려가면 될 일이었다. 하지만 가족의 생계를 책임져야 할 맹모의 결단에 큰 영향을 미치지 못했을 것이다.

맹모는 좋은 학습 분위기를 찾아 헤맸던 것이 아니라 맹자의 성향에 맞는 학습 조건을 찾아 나선 것이다. 그 결과 맹자는 공자에 버금가는 성인으로 추앙받게 되었다. '성선설' 외에도 호연지기, 대장부, 왕도, 정전법, 군자삼락 등 다양한 사상을 배우게 되었다. 어머니의 교육관으로 맹자는 위대한 스승을 만나게 되고, 이후 맹자는 만장을 비롯한 여러 제자와 더불어 유학의 핵심 경전인 시경과 서경을 정리하고 공자의 뜻을 기술하여 『맹자』를 지었다. 이제 우리는 '많이 가르치면 많이 알게 된다.'라는 착각에서 벗어나 자신의 성향에 맞는 학습에 초점을 맞춰야 한다.

　강성태는 '지금 공부할 수 있는 것에 감사하라.'고 말한다. "공부하고 싶어도 여건이 안 돼서 못 하는 사람이 많다. 지금 공부할 수 있다는 것에 감사하자. 잡생각 떨쳐버리고 꾸준히 노력하다 보면 힘든 시기도 금방 지나간다." 아무리 유명한 강사에게 배워 명문 대학교에 입학한다고 해도 모든 사람이 공부를 즐기지는 못한다. 그것은 '자신의 성향에 맞게 공부를 했느냐?', '할 수 없어서 했느냐?'의 결과이다.

01

강점(Strength)을
살려라

"진정한 배움의 순서는 첫 번째가 필수적인 것, 두 번째는 유용한 것, 세 번째가 장식적이어야 한다. 이러한 순서를 거꾸로 밟는 것은 건축물을 위에서부터 짓기 시작하는 것과 같다."

— 리디아 시고니

"분석심리학자 카를 융은 인간의 성격을 '감성 – 이성', '직관 – 감각', '내향 – 외향'이라는 세 가지 틀의 조합으로 설명했다. 이 세 가지가 어떻게 결합하느냐에 따라 외모만큼이나 각양각색인 수많은 성격이 완성된다. 즉 성격에 맞는 공부법은 따로 있다는 것이다."

〈여성동아, 531호, 2008년〉

차분한 성격을 가진 사람들은 분주하고 소음이 많은 장소보다는 조용하고 집중하기 좋은 환경에서 공부하는 것을 선호한다. 이들은 자신의 공부를 방해하는 요소를 명확히 인지하지 못할 수 있으므로 가끔은 대화를 통해 그러한 방해 요소를 파악하고 제거할 필요가 있다. 그러나 너무 자주 간섭하거나 의견을 묻지 않고 학습 분위기를 끊어버리면 오히려 학습에 방해가 될 수 있다. 또한, 학습 분위기를 바꾸기 전에 충분한 이견 조율이 필요하다.

소음이 있다면 장소를 변경하거나 방음재를 설치하여 문틈 사이로 들어오는 소음을 차단해야 한다. 모르는 문제도 내색하지 않으므로 중간쯤에 학습 이해도를 점검할 필요가 있다. 학습 능력을 향상하기 위해 누군가를 가르쳐보는 기회를 제공하면 더 나은 결과를 얻을 수 있다. 공부에 도움이 되는 습관으로는 명상이나 심호흡하기, 긍정적으로 사고하는 방법, 규칙적인 운동과 스트레스 관리, 공부와 휴식의 조화를 통한 자기 관리, 효율적인 시간 관리 요령을 연습하면 도움이 된다.

활발한 성격은 오랜 시간 앉아서 공부하는 것이 익숙하지 않은 경우가 많다. 공부 중 환기할 수 있는 장소가 있으면 좋다. 규율이 너무 강하거나 작은 소리에도 민감한 장소에서는 집중이 잘 안 되고 빨리 지루함을 느낀다. 공부하는 중간마다 휴식과 대화할 수 있는 스터디카페나 강의장과 같은 적당한 소음과 토론에 적합한 장소가 좋다. 공부에 도움을 주기 위해서는 중간에 간식을 제공하거나 질문을 통해 공부의 성과를 확인해주는 것으로도 기분 전환의 효과를 준다.

오랜 시간 앉아서 공부하는 자체에서 스트레스를 받기 때문에 중간에 활동적인 행동을 통한 휴식으로 에너지를 충전할 수 있다. 또한, 자존심이 강하기 때문에 짧게 혼내는 것은 극복하지만 지속적인 비난은 자존감을 떨어뜨리므로 피해야 한다. 공부에 도움이 되는 습관으로는 호기심을 자극할 수 있는 새로운 경험 탐색, 사람들과의 대화와 소통 능력, 도전적이고 한 단계 높은 목표 설정, 자신의 강점을 활용할 수 있는 방법, 적극적이고 긍정적인 사고방식을 연습하고 발전시키면 학습에 도움이 된다.

순응형은 대체로 학습 계획이 잘 짜여 있다면 스스로 공부를 해간다. 공부하는 동안 긍정적인 에너지가 만들어지고 스스로 공부와 휴식을 조절한다. 어떤 멘토를 만나느냐에 따라 공부의 방향은 달라지고 지속적인 칭찬과 격려가 공부 의지를 북돋아준다. 사전에 긍정적인 도움을 주는 요소들을 파악하고 있으면 방해 요소로부터 잘 대처해나갈 수 있다. 작은 것에도 칭찬하고 격려할 때 긍정적인 에너지가 쌓이고 자기 신뢰를 통해 꾸준히 공부해 간다.

공부에 도움이 되는 습관으로는 다른 사람과의 협력을 강화할 수 있는 능력, 상황에 따른 유연함의 기술, 자신의 의견을 효과적으로 표현하는 법, 돌발 상황에 대한 융통성, 일정을 관리하는 자기 관리 능력을 연습하고 발전시키면 학습에 도움이 된다.

주도적인 성격은 목표 달성 시 가장 먼저 앞장설 때 자신의 역량을 충분히 발휘할 수 있다. 자신이 무언가 주도하고 있다는 느낌이 들면 공부 의지가 생겨난다. 이들은 대화하는 것만으로도 좋은 학습 효과를 가져온다. 진로에 대한 긍정적 기대감은 공부에 있어 학습 동기로 작용하며 꿈을 이루기 위해 스스로 계획하고 실천하기 위해 노력한다. 공부에 도움이 되는 습관으로는 명확하고 구체적인 공부 계획, 자신의 장점을 활용한 학습, 시간을 효율적으로 관리하는 능력, 계획적이고 적극적인 태도 등을 연습하고 발전시키면 학습에 도움이 된다.

예민한 성격은 완벽주의이면서 환경에 민감하게 반응하는 성향이다. 공부를 시작하기 전 목표를 바로 세우는 것이 중요하며 가능한 한 스스로 공부를 계획하게 하는 것이 좋다. 또한, 공부하면서 요구하는 게 있다면 즉시 답을 주거나 끊고 맺음을 확실히 할 때 안정적으로 공부해갈 수 있다. 집중이 시작되면 깊이 빠져들기 때문에 작은 소음이나 불편함에도 민감한 반응을 보이거나 문제가 해결되지 않으면 예민한 반응을 보인다. 그러므로 돌발 상황을 예방하는 것이 좋다. 이들에게 계획은 중요하므로 계획대로 학습하고 변경이 발생하면 사전에 이견을 조율하는 배려심이 필요하다.

공부에 도움이 되는 습관으로는 스트레스 관리 기술, 충분한 휴식과 건강관리, 감정을 효과적으로 표현하는 방법, 긍정적인 사고방식, 자신의 장점을 활용, 예민한 성격을 관리하는 방법을 연습하고 발전시키면 학습에 도움이 된다.

관계 지향적인 성격은 공부하는 과정을 즐긴다. 성적도 중요하게 생각하지만, 만약 순위를 다툰다면 양보하는 성격이다. 관계를 소중하게 여기기 때문에 자신보다는 공동의 목표에 더 집중한다. 결과가 만족스럽지 못하더라도 노력했다는 것에 스스로 위안을 받는다. 또한, 자신이 피해를 보더라도 이겨낼 수 있는 자존감이 있어 어떠한 상황도 잘 대처해나간다. 이러한 성격은 결과를 중시하기보다는 노력하는 과정을 내세워 칭찬과 격려로 긍정적인 학습 효과를 끌어내야 한다.

공부에 도움이 되는 습관으로는 효과적인 대화 기술, 공감하는 능력, 다른 사람과의 협력, 건강하고 긍정적인 대인 관계, 상대를 배려하고 함께 성장하려는 노력 등을 연습하고 발전시키면 학습에 도움이 된다.

목표 지향적인 성격을 가진 사람은 공과 사를 명확히 구분해야 스트레스를 최소화할 수 있다. 자신의 노력에 따른 성과가 기대에 못 미치거나 공부를 방해하는 요소가 있을 때 이들은 스트레스를 느낄 수 있다. 이러한 사람은 공부를 단순한 과정이 아닌 최종 목표로 본다는 점에서 계획, 실행, 결과가 일치하기를 바란다. 노력의 결과가 기대에 미치지 못하더라도 충분한 공부 환경이 제공되었다면 그 결과를 수긍한다.

공부를 효과적으로 하는 데 도움이 되는 습관으로는 구체적이고 명확한 목표 설정, 목표 달성의 우선순위를 결정, 자신감 유지를 위한 동기부여, 꾸준한 자기 계발을 위한 노력, 시간 관리와 자기 관리 능력, 돌발 상황에 대한 대응 능력 그리고 목표에 대한 정기적인 성과 분석을 통한 개선과 발전이다. 이러한 습관을 꾸준하게 실천하면 학습 능력을 향상하는 데 도움이 된다.

카를 마르크스는 "남이 뭐라고 말하든 자신의 성격대로 살라."고 했고,

아리스토텔레스는 "자신의 성격은 자신의 행위 결과이다."라고 말했다. 성격에 맞는 학습은 학습 효율을 높이고 학습에 대한 만족도의 향상, 시간과 에너지 절약, 학습 동기부여 및 자신감을 주는 동시에 목표 달성이라는 성과를 배가시켜준다.

"누구라도 자신의 성격이 지닌 한계를 초월하기 어렵다."는 존 몰리의 말처럼 오랜 시간 자신과 맞지 않는 공부 스타일을 고수할 필요는 없다.

02

약점(Weakness)을
피하라

"자신을 믿어라. 자신의 능력을 신뢰하라. 겸손하면서도 자신감을
가져야 성공하고 행복해진다."

— 노먼 빈센트 필

　공부에서 위험을 줄이는 전략은 자신에게 불리한 분야를 피하고 유리
한 분야를 효과적으로 활용하는 것이다. 노력과 비교해 성적이 저조한
과목을 공부할 때는 완벽을 추구하는 함정에 빠지지 않도록 주의해야 한
다. 대신 기본 점수만 획득하고 자신이 능력을 발휘할 수 있는 과목에 더
집중해 학습 방향을 전환해야 한다.

공부도 선호하는 분야가 있으며 배울 때 즐거움을 느끼거나 걱정이 동반되는 과목이 있을 수 있다. 각 개인의 성격과 마찬가지로 학습하는 능력도 다양하다.

공부는 기술과 전략의 조합이다. 자신이 부족한 분야를 보완하려는 것보다는 자신이 능력을 발휘할 수 있는 분야에 집중하여 성과를 극대화하는 것이 중요하다. 서울 반포고등학교 박지현 교사는 "좋은 공부 습관을 만들려면 25분 집중하고 5분간 쉬어라."라며 집중과 분산 모드로 공부할 것을 강조했다.

"신경과학에서는 사람의 사고방식을 두 가지로 나눠 설명합니다. 미국 오클랜드대학교의 바버라 오클리 교수는 이를 '집중 모드'와 '분산 모드'로 구분했습니다. 집중 모드는 순차적이고 분석적인 접근법을 활용해 문제를 해결하는 직접적인 사고방식입니다. 분산 모드는 집중하지 않고 있던 부분을 점검해 새로운 관점에서 문제에 접근하는 방법입니다."

〈'신문과 놀자! 눈이 커지는 수학', 조선닷컴, 2020.04.29.〉

박지현 교사는 코로나19로 인해 온라인 수업이 길어지면서 강의를 지나치게 몰아서 들으면 분산 모드로 사고하기가 어려워진다고 말한다. 그래서 온라인 수업을 조금씩 짧게 자주 듣고 스스로 연습할 시간을 충분히 갖는 게 중요하다고 한다. 공부 중인 과목에서 느끼는 스트레스를 줄이기 위해 분산 모드 학습을 적용하는 것은 매우 효과적이다. 버거운 과목에 지나치게 집중하다 보면 피로감이 누적되기 쉬워 다른 과목으로 전환하여 잠시 머리를 식히는 것이 좋다. 이렇게 스트레스를 완화하고 마음의 상태가 전환되면 공부에 대한 집중력과 효율성을 유지할 수 있다.

누구든지 스트레스를 받는 과목은 있을 수 있다. 하지만 꾸준히 공부해온 경험이 있는 사람이라면 어떤 과목에 더 많은 시간을 투자해야 하는지 판단할 수 있다. 이런 상황에서 분산 모드 학습을 활용하면 과목 간의 균형을 맞추며 더욱 효과적으로 학습할 수 있다. 학교에서도 이러한 분산 모드 학습을 적극적으로 도입하고 있어 학생들의 학습 효율을 높이고 스트레스를 줄이는 데 큰 도움이 된다. 따라서 분산 모드 학습을 효과적으로 활용하는 학교 내에서 공부하는 것이 가장 이상적이다.

『공부는 왜 하는가』의 저자 스즈키 코지는 "국어, 수학, 과학, 사회와 같은 여러 과목을 배움으로써 다양한 각도에서 이해력, 상상력, 표현력을 기르는 작업이 바로 학교이며 공부이다."라고 말한다. 공부의 효과성은 단순히 학습하는 것과 효과적인 방법을 알고 그 방법을 실행하는 것 사이에서 달라진다.

공부를 효과적으로 수행하는 핵심은 공부 머리를 기르는 것이다. 일터에서 일 잘하는 사람을 '열심히 하는 사람'이라고 말하고, 요령 있게 일을 처리하는 사람을 '일 잘하는 사람'이라고 한다. 일터에서 일머리를 키우기 위해서는 다양한 경험과 지식을 축적해야 한다. 학생은 공부 머리를 키워야 한다. 즉, 공부에는 요령이 필요하며 공부 머리를 키우기 위해서는 꾸준한 학습과 환경에 맞는 공부법이 필요하다.

공부의 성과를 높이기 위해서는 주어진 시간 내에 핵심을 파악하고 이해하며 암기해야 한다. 핵심 요소를 발견하는 능력은 시험 경험을 통해 향상된다. 여러 번의 시험을 통해 핵심 문장을 찾아내고 결론을 내리는 능력이 향상되며 이는 출제자의 의도를 빠르게 파악하는 데 도움이 된다.

오랫동안 공부했지만, 공부의 기술이 향상되지 않는다면 그 원인은 이미 정해진 학습 방식에만 집중했기 때문이다. 실력 향상을 위해서는 스스로 계획하고 실천하는 공부가 중요하며, 단순히 정보를 따라가는 학습은 도움이 되지 않는다. 각자의 수준과 이해 능력에 따라 차이가 있을 수 있지만 조금 늦더라도 공부는 스스로 계획하고 실천해야 한다.

표준화된 학습은 공통의 지식을 습득시키기는 하지만 개인의 능력을 최대한 발휘하기는 어렵다. 평가 기준에 맞춘 학습 계획은 학습의 질보다는 양에 초점을 맞추어 수험생들에게 암기를 강요하는 결과를 가져온다. 이로 인해 시험을 치르는 순간까지 시간에 쫓기듯이 공부를 해간다. 학생들에게 광범위한 정보로부터 필요한 내용만 구분해낼 수 있는 능력을 길러주기 위해서는 스스로 학습을 계획하고 공부할 수 있도록 명확한 지침과 방향성을 제시해주어야 한다.

재능에 맞는 공부

춘추시대 초나라의 철학자 노자는 재능에 맞는 공부법을 강조했다. "재능은 누구나 타고난다. 하지만 평생 자신의 재능을 모르고 살아가는 사람이 대부분이다. 지금 당장 자신의 재능에 맞는 공부를 시작하라." 재능에 맞는 공부를 선택하고 그것을 추구하는 것은 개인의 잠재력을 최대한 발휘하고 목표를 달성하는 데 있어 매우 중요하다. 또한, 이는 학습자 자신을 위한 배려와 존중의 표현이기도 하다.

계획을 세우지 않으면 누군가의 계획을 실천하게 된다. 이는 시장의 원리와 같다. '누군가는 제품을 팔고, 누군가는 그 제품을 구입한다.' 마찬가지로, '누군가는 계획을 세우고, 또 다른 누군가는 그 계획을 실행한다.' 누군가의 계획을 따르는 삶은 '모든 것이 내 계획대로 잘 진행된다.'

는 착각에 빠져들게 하지만, 이 착각조차 의도된 것이기 때문에 단기적인 성과는 있을 수 있어도 진정한 만족감을 주지 못한다.

가치 있는 삶을 추구하려면 스스로 계획을 세우고 결정하는 습관을 길러야 한다. 단순히 수긍하는 것보다는 '왜 그렇게 해야 하는지?'에 대한 문제의식이 필요하다. 학생이 스스로 공부를 계획한다는 것은 '가치를 매길 수 없는 삶'을 살아가고 있다는 증거이다.

평생 공부를 즐기는 방법은 공부를 삶의 일부로 받아들이는 것이다. 공부는 성장과 발전이라는 마음가짐이 필요하다. 공부에 시간과 노력을 쏟아부어도 그 과정을 즐기지 못한다면 결국 자신의 것이 될 수 없다. 공부를 즐기지 못하면 지속성을 유지하기 어렵고 지속하지 않으면 성장할 수 없다. 스스로 계획을 세우고 노력했음에도 원하는 결과를 얻지 못했다 하더라도 자신을 탓하거나 위축될 필요는 없다. 합격은 새로운 시작이기 때문이다.

큰 꿈을 향한 도전은 시간이 걸리는 법이다. 너무 서두르지 말고 실패에 너무 집착하지 않아도 된다. 성공은 투자한 노력과 시간에 비례한다. 어렵게 이루어진 결과는 오래도록 기쁨을 간직하게 해준다. 재능에 맞는 공부 방법을 선택하는 것은 학습자의 내재된 능력을 발휘시켜 집중력과 학습 효율이 향상된다.

전공에 맞는 공부

"전국에는 190여 개의 대학이 있고, 전공도 수천 개에 이른다. 단순히 성적순으로 그에 맞는 대학을 선택할 것인가, 부모의 희망대로 따를 것인가. 아니면 자신의 적성에 따라 인생 항로의 방향타를 스스로 쥘 것인가. 조금만 생각을 바꿔보면 길은 얼마든지 있다. 신세대 수험생에게 성적은 상관없다. 어떤 분야든 자기가 최고가 될 수 있으면 그만이다. 찬찬히 살펴보자. 주변에는 자기 적성에 맞는 전공이 얼마든지 있다."

〈'선택! 대학 어떤 전공 택할까', 조선일보, 2002.12.02.〉

전공과 무관한 공부는 더 큰 노력과 시간이 필요하며 스트레스를 발생시킨다. 전공을 선택할 때는 관심이 있거나 자신 있는 분야를 기반으로 선택해야 한다. 입시 준비 시에는 해당 학교의 입학 전형 요구 사항을 충족하기 위한 공부를 해가고, 자격증 합격을 위해서는 해당 자격증의 출제 범위를 중심으로 학습을 해야 한다.

자격증을 준비할 때는 먼저 획득해야 할 자격증을 분석하고, 그와 연관된 자격증도 함께 준비하면 좋다. 계단식으로 차근차근 자격증 공부를 하다 보면 결국 원하는 상위 자격증까지 도달할 수 있다. 또한, 연관된 여러 자격증을 동시에 준비하는 것도 학습 효율을 높일 수 있는 유리한 전략이다. 반면에 전공과 무관한 공부만을 하게 된다면 동시적인 학습 효과를 기대하기 어렵다.

첫 번째, 전공과 학력에 맞는 자격증을 목표로 설정한다.

두 번째, 해당 자격증의 응시 조건과 필요한 경력을 확인한다.

세 번째, 연관된 자격증을 연속적으로 준비하여 경력을 쌓는 전략을 세운다.

네 번째, 쉽게 합격할 수 있는 자격증부터 선택하여 준비한다.

다섯 번째, 합격을 위한 구체적인 공부 계획을 세워 시간을 효율적으로 활용한다.

여섯 번째, 필요한 수험서와 필기도구를 사전에 준비한다.

일곱 번째, 원서를 접수한다.

여덟 번째, 공부 계획에 따라 학습을 시작한다.

아홉 번째, 시험 도중에도 포기하지 않고 최선을 다한다.

열 번째, 시험이 종료된 후 출제된 유형을 분석하여 공부의 방향성을 결정한다.

암기 위주의 시험은 결국 목표로 하는 자격증 시험에서 한계를 경험하게 된다. 시험이 끝난 후에는 공부의 결과를 분석하여 부족한 부분을 개선해야 한다. 시험을 마친 뒤에 긴장을 풀고 잠시 쉬려는 생각은 마치 탄력이 풀린 고무줄처럼 점차 쌓아둔 지식을 잊어버리게 만든다. 합격하지 못한 경우에는 재시험을 위해 다시 공부를 계획한다. 불합격으로 인해 목표 달성이 지연되었다면 처음 계획대로 합격 후에 해야 할 공부를 병행하여 시험을 준비한다.

공부에 대한 부담감은 있겠지만 공통으로 적용되는 내용을 중심으로 학습하면 다음 시험의 예습 효과를 얻을 수 있기에 해야 할 공부를 미리 준비한다는 마음가짐이 필요하다. 목표로 하는 자격증은 시간의 문제일 뿐, 포기하지 않고 꾸준하게 준비한다면 합격할 수 있다.

공부의 가치는 마음가짐에서 비롯된다. 지식을 오랜 시간 기억하고 활용하려면 전공과 연관된 내용을 지속해서 공부해가야 한다. 단기간에 공부를 마치려는 생각은 지식을 빠르게 잊게 만들 뿐이다. 지속적인 공부는 큰 성과를 만들어내는 데 결정적인 역할을 한다. 작은 목표가 모여 큰 성과를 이루는 것처럼 꾸준한 노력은 공부 자신감을 키워준다.

1등을 목표로 공부를 한다면 1등이 되었을 때의 기쁨은 잠시일 뿐이다. 직장에서 승진만을 목표로 한다면 그 기쁨은 잠시뿐이다. 곧 정년이 다가오기 때문이다. 그러나 공부가 꿈을 위한 것이라면 그 기쁨은 오래 지속된다. 공부를 단순히 경쟁이나 스펙을 쌓기 위한 도구로만 사용해서는 안 된다.

기분 좋은 말은 말하기 쉽고 듣기에도 편하지만 도움이 되는 말은 종종 듣기에 부담스러울 수 있다. 대책 없는 삶에 초점을 맞추면 말하기도 쉽고, 듣기 좋은 말을 만들어낸다. 또한, 듣기 좋은 말은 진실하지 경우가 많다. 성장하기 위해서는 듣기 좋은 말보다는 구체적이고 깊이 있는 말에 관심을 기울여야 한다.

미국 리더십 컨설팅 업체 프랭클린 커비사의 부사장 숀 커비는 인생의 목표를 정하기 전에 반드시 4가지를 점검해야 한다고 말했다.

첫 번째, 자신이 정말 잘하는 것(재능)

두 번째, 정말 하고 싶은 것(열정)

세 번째, 사회가 원하는 것(수요)

네 번째, 옳다는 확신이 드는 그것(양심)을 적어보는 것

어른이 되었다는 것은 신체적 · 정신적으로 성장했다는 것을 의미한다. 어른이 되어서도 배우지 않는다면 이전에 얻은 지식과 경험이 인생의 주요 부분을 차지하고 만다. 세월이 지나 나이는 들었지만, 지적 수준

은 그대로 머무는 것이다. 자기 계발로 자신의 가치를 높이듯 지적 성장을 위해서도 계속해서 노력해야 한다.

직장에서 승진의 비결은 아무도 알려주지 않는다. 정년이 되어 퇴직하면 누구도 '어서 오세요.'라고 말하지 않는다. 경쟁 사회이기 때문이다. 직장에서든 사회에서든 누구도 자신의 생존 전략을 알려주지 않는다. 이는 진정한 성공의 비밀을 알지 못하기 때문이다. 진정한 성공의 비결은 모든 이해관계자가 함께 이익을 얻는 '윈-윈 전략'이다. 스즈키 코지는 『공부는 왜 하는가』에서 아이들에게 경쟁을 조장하면 아이들 머릿속에는 '나만 잘하면 된다.'라는 식의 사고방식이 생겨나고 그렇게 옹졸한 인간이 되어간다고 말한다.

"공부에서 중요한 것은 아이들이 기쁨이나 슬픔, 괴로움이나 억울함, 행복감이나 충족감, 불안이나 공포에 이르기까지 다양한 감정을 균형 있게 체험하는 일이다. 그렇게 함으로써 어려움에 부딪쳤을 때 그것을 극복할 힘을 가질 수 있다."

『공부는 왜 하는가』, 스즈키 코지

03

기회(Opportunity)를
만들어라

"삶은 도전의 연속이다. 어떤 도전이든 피하지 말고, 당당하게 맞
서라. 도전은 우리를 성장시키고, 우리의 잠재력을 발휘할 기회를
제공한다. 도전을 받아들이고, 그것을 통해 더 나은 자신을 만들어
나가라."

– 엘리너 루스벨트

학교에서의 공부

학생에게 있어 가장 중요한 시간은 수업 시간이다. 수업에 얼마나 집
중했는지가 성적에 직접 영향을 미친다. 수업 시간을 소홀히 하고 학원
에서나 늦은 시간까지 하는 별도의 공부로는 성과를 기대하기 어렵다.

수업 시간에는 시험공부의 방향을 제시해주며 어느 부분을 중점적으로 공부해야 하는지 알려준다. 수업 시간은 공부의 방향성을 알려주는 나침반 역할을 한다. 수업 시간을 지켜내지 못한다면 시험공부의 방향성이 달라질 가능성이 크다.

스즈키 코지는 저서 『공부는 왜 하는가』에서 사회의 미래는 학교에 달려 있다고 말한다. "훌륭한 교사와의 만남은 아이의 인생을 크게 바꾼다. 설령 불행한 가정에서 태어나 자란 아이라 해도 좋은 선생을 만나서 성장하면 훌륭한 미래를 개척해나갈 가능성이 커지지 않을까. 그러기 위해서라도 뛰어난 교사를 학교에 배치하고 그 교사가 아이들을 위해 다양한 경험을 할 수 있게 충분한 시간을 주는 것은 결코 사회 전체적으로 보아 손해가 아니다."

시험을 준비하는 학생에게는 시간이 늘 부족하다. 어떤 부분을 공부해야 할지 선택하는 것이 어렵기 때문이다. 수업 시간은 고민을 덜어주며 공부 방향을 제시해 시간 낭비를 줄일 수 있다. 시험에는 특정한 출제 범위가 있다. 만약 시험이 지식의 양을 측정하는 것이라면 출제 범위를 나누지 않았을 것이다. 시험을 잘 보는 학생은 공부의 핵심 내용을 선택하여 시간을 효율적으로 활용한다.

공부는 단순히 열심히 하는 것이 아니라 올바른 방법으로 해야 한다. 수업 시간에 집중하는 학생은 주변을 두리번거리지 않고 공부에 집중한다. 스즈키 코지는 "학생들은 더 나은 미래를 위해 공부를 해야 한다."고 한다. "미래를 바람직하게 만드는 주체는 젊은이들이다. 아무리 새롭고 많은 문제가 출현한다 해도 더 나은 방법을 발견하여 극복하는 한 과거보다 현재는 반드시 좋을 수밖에 없다."는 말이다. 그가 생각하는 공부는 '인류의 진보에 공헌하기 위해서 해야 한다.'고 말한다.

> "공부는 잔돈이나 벌어들이는 테크닉을 가르치는 것이 아니다. 공부는 이해력, 상상력, 표현력을 기르고, 세계를 덮고 있는 많은 양의 정보를 취사선택하고 세계에 공통적인 논리로 판단하여 가치 있는 토론을 통해 자신의 견해를 내세우고, 더욱 나은 해답을 찾아낼 가능성을 조금이라도 더 높이는 데 그 목적이 있다."
>
> 『공부는 왜 하는가』 스즈키 코지

직장에서의 공부

직장인의 공부는 승진, 이직, 스펙 쌓기 등이 될 수 있다. 그러나 핵심은 항상 자신이어야 한다. 공부로 다양한 지식을 얻더라도 자신의 행복에서 멀어진다면 성장하지 못하고 부담으로만 느껴질 것이다.

"결국, 직장인 공부는 초점을 나에게 맞춰야 한다. 직장인은 공부를 통해 조직에서 인정을 받아 내 목소리를 높일 수 있고 나의 뜻을 이룰 수 있는 다른 회사로의 이직 기회도 잡을 수 있다. 아니면 전혀 새로운 일을 기획해 볼 수도 있다. 이처럼 공부의 목표가 무엇이 되었든, 그 초점은 반드시 나를 향해야 한다."

『직장인 공부법』, 이형재

직장에서 실력을 키우기 위해서는 먼저 업무에 완벽하게 익숙해져야 한다. 이후 공부에 집중할 차례다. 업무에 대한 자신감을 느끼면 공부에 대한 여유도 생긴다. 직장에서 업무를 잘 수행하기 위해서는 세 가지를 지켜야 한다.

첫 번째, 하루의 업무를 계획하라.

두 번째, 직장의 업무 흐름을 잘 파악하라.

세 번째, 공부와 업무를 연계하라.

직장에서 공부한다고 하면 편한 직장이라고 생각하는 사람들이 있지만, 이는 공부를 해보지 않은 사람들의 주장일 뿐이다. 직장에서 성과를 내려면 먼저 업무를 잘 수행해야 하며 이를 위해서는 공부가 필수적이다. 공부하는 사람들은 직장에서도 능숙하게 업무를 수행하며 더 많은 성과를 내곤 한다.

『직장인 공부법』의 저자 이형재는 직장을 다니며 미국 공인회계사 등 다수의 자격증에 합격한 시험의 대가이다. 그는 직장 생활을 하면서도 공부를 쉬지 않았고 공부를 업무의 성과로 연결 지었다. 그는 목표의 간절함에 따라서 노력도 배가된다고 한다. "목표가 없는 노력은 없다. 무엇을 하는 데는 모두 저마다의 이유가 있다. 그러나 그 목표에 내 생각이 얼마나 들어가 있느냐에 따라 노력의 농도가 달라진다. 내 생각이 많이 함유된 목표가 나를 움직인다."

직장에서 공부하는 사람은 회사의 미래에 기여할 가능성이 크다. 미래지향적인 기업은 자기 계발에 노력하는 직원들에게 장학금을 지원하거나 자격증 취득 시 격려금을 지급한다. 미래를 준비하는 리더는 직원의 자기 계발을 투자의 최고 수단으로 간주한다. 자기 계발은 단순히 개인적인 목표 달성뿐만 아니라 직장의 성장을 위해 필수적이다. 미래지향적인 기업은 직원들의 자기 계발을 적극적으로 지원하며 업무와 개인의 발전이 균형을 이룰 때 직원의 만족도가 높아진다는 것을 안다. 반면 꿈이 없는 사람은 주변 상황을 주시하며 일을 시작하며, 다른 사람의 일에 관여하거나 문제를 지적하는 데 열중한다. 미래에 대한 희망이 없으므로 항상 자기 일은 뒷전이 되고 만다.

팀 페리스는 『나는 4시간만 일한다』에서 정해진 근무시간 안에 중요 업무를 효과적으로 하는 법을 소개했다. "시간은 이용 가능한 양이 비대해 무한정 낭비할 수 있으니 마감 시간을 정해두고 근무시간을 줄이면 중요 업무로만 해당 시간을 채울 수 있다."

시간을 효율적으로 활용하는 방법이다.

첫 번째, 공부 계획을 시각적으로 표현하거나 타이머를 사용하여 공부 시간을 측정한다.

두 번째, 주변 사람들에게 도움을 요청하며 공부 계획을 공개하거나 동료들의 지원과 응원을 받아 투지를 불어넣는다.

세 번째, 공부 계획표를 책상 등에 게시하여 나의 일정을 알린다.

업무 피로로 공부 의지가 약해진다면 시간대별로 학습 내용을 조절하면 도움이 된다. 주말 오전에는 집중력이 요구되는 분야에서 시작하여 이른 저녁에는 쉬운 내용으로 전환하고, 늦은 저녁에는 복습이나 예습에 집중한다. 잠자기 전에는 핵심 내용을 간략히 정리하고 잠들기 전에 한 번 더 확인하는 것이 좋다. 이렇게 하면 잠들기 전의 공부가 낮에 한 공부보다 더 오래 기억에 남는다.

하루의 업무 우선순위를 중요도와 긴급성에 따라 결정한다. 중요한 업무는 오전에 집중하여 처리하고 나머지 업무들은 일정에 따라 순차적으로 처리한다. 중요한 업무가 지연되면 늦은 시간까지 일해야 할 수 있어 퇴근 후 공부에 어려움을 겪게 만든다.

일과 공부를 병행하라

직장에서 에너지를 다 사용한 후에 공부하는 것은 쉬운 일이 아니다. 일과 삶의 균형을 맞추기 위해서는 하루 일정을 효율적으로 계획해야 한다. 업무 성과와 함께 현실적인 공부 목표를 설정해야 한다. 직장인의 공부 장소는 대부분 집이므로 퇴근 시간을 최대한 활용해야 한다.

『직장인 공부법』의 저자 이형재는 직장인이 집에서 공부할 때 지켜야 할 네 가지 생활 수칙을 말한다. 집에서 할 수 있는 공부 시간을 정하고 그 시간만큼은 공부에 집중해야 한다. "집에서 공부할 때의 가장 큰 장점은 피로를 해소하면서 공부할 수 있다는 것이다."

첫 번째, 공부하는 공간과 쉬는 공간을 분리한다.

두 번째, 너무 오랜 시간 집에서 공부하지 않는다.

세 번째, 하루에 한 번 기분 전환 및 체력 관리를 위해 잠시 외출을 한다.

네 번째, 정해진 시간 외에는 절대 컴퓨터나 TV를 켜지 않는다.

직장에서 최선을 다하는 것은 마치 회사를 위한 행동처럼 보이지만 실제로 가장 큰 혜택은 자신이 받는다. 완벽한 보고서를 작성하는 것은 관리자를 위한 것일 뿐 아니라 자신의 능력을 향상하는 과정이다. 보고서 작성이 부담스럽게 느껴질 때는 손목 운동을 통해 마음의 상태를 바꾸고 업무량이 많을 때는 자신의 능력을 키울 좋은 기회로 받아들여야 한다.

직장인의 공부는 자신과 더불어 모두의 미래를 위한 투자다. 업무의 어려움에도 불구하고 최선을 다해 일과 공부를 병행하며 좋은 성과를 만들어내기 위해 노력해야 한다. 공부 시간은 알아서 생겨나지 않으므로 불필요한 일은 줄이고 자투리 시간을 최대한 활용해야 한다. 직장인의 공부는 자신과 직장의 미래를 위한 소중한 자산이라는 사실을 깨닫고 자부심으로 해야 한다.

『직장인 공부법』의 저자 이형재가 말하는 '공부 습관을 만드는 직장인 일상생활 관리법'이다.

첫 번째, 수면 시간을 지켜라.

두 번째, 아침에 쉽게 일어나는 법을 지켜라.

세 번째, 뇌를 움직이는 생활 습관을 만들어라.

네 번째, 매일 가벼운 운동을 하라.

"가장 중요한 요소는 좋은 일이 생길 것이라는 믿음이다. 믿으면 진짜 그렇게 된다. 그러니 미래에 대한 희망을 품어보자. 그러면 어떠한 상황에서든 잠재적 가능성을 찾아낼 수 있으며, 위기 속에서 기회를 찾을 수 있다."

– 스테판 M. 폴란

위기 극복 능력은 갑작스럽게 발생한 상황이나 어려움에 직면했을 때 문제에 대처하고 이를 극복하는 능력을 의미한다. 삶에서 예상치 못한 상황에 얼마나 효과적으로 대응하는지는 해당 개인의 위기관리 능력을 판단하는 기준이 된다. 이러한 능력은 타고나는 것이 아니라 꾸준한 학습과 실생활에서의 경험을 통해 키워진다. 윈스턴 처칠은 "비관론자들은 기회가 왔을 때 위험을 보고, 낙관론자들은 고난이 와도 기회로 본다."고 했다. 위기 극복 능력은 재난 대비 훈련과 같은 학습과 실제 경험을 통해 키워진다. 큰 위기를 성공적으로 극복한 경험이 있다면 삶에서 마주하는 다양한 문제를 더 쉽게 해결해갈 수 있다.

자신을 정확히 이해하는 사람은 가진 능력을 최대한 활용하여 목표를 달성하는 반면, 많은 사람이 자신의 잠재력을 시험해보지도 않고 미리 한계를 설정해버린다. 작은 훈련에서도 자신감을 키울 수 있다. 헬스에서 아령의 무게를 점진적으로 늘려 근육을 만드는 것처럼 일상 활동에서도 자신감을 키울 수 있다.

공부에서 자신감은 계획하고 실행하는 과정에서 얻어진다. 단순히 말을 잘 듣는 것만으로 자신감을 얻을 수 없다. 자신감은 스스로 계획하고 선택하며 결과에 대한 책임감을 통해서 만들어진다. 단기적인 목표만을 추구하는 것보다는 지속적인 도전과 노력이 필요하다. 실패하더라도 포기하지 않고, 실패 속에서도 배우려는 마음가짐이 중요하다. 성공을 위해서는 실패를 발판 삼아 올라서야 하기 때문이다.

필리핀의 영웅 파퀴아오는 "나와의 싸움에서 이기는 것이 중요하다. 하지만 매번 싸움을 걸 수 있는 용기, 그것이 더 중요하다."라며 승부에 있어 도전할 수 있는 용기의 중요성을 말했다. 시험에 강해지기 위해서는 매일 쪽지 시험이라도 치러야 한다. 난이도가 높은 시험에 한 번이라도 도전해보면 그 경험은 오랜 시간 동안 자신감을 유지하는 데 도움을 준다.

하루 중에 공부할 시간이 부족하더라도 강한 의지가 있다면 학습을 진행할 수 있으며, 시간이 충분하더라도 의지가 약하면 작은 단어 하나를 암기하는 데도 많은 시간이 걸린다. 공부에 집중하기 위해서는 시간이 부족한 상황이 때로는 도움이 될 수 있다. 시간 부족에 따른 압박감은 학습에 집중할 수 있는 동기를 만들어내기 때문이다.

학습에 집중할 수 없는 상황이라면 그 원인을 자세히 분석하고 해결 방안을 모색해야 한다. 대부분 상황은 두 가지 결론으로 요약된다. 공부를 포기하지 않아도 해결되는 경우이거나 공부를 포기해도 해결되지 않는 경우다. 즉, 공부를 중단한다고 해서 문제가 해결되는 것은 아니다. 공부나 운동은 성장을 위해서는 한계를 넘어야 하며 한계에 근접할수록 어려움이 커진다. 어려움은 성장을 위해 극복해야 할 도전이지 공부를 중단하라는 신호는 아니다.

우리 몸과 마음은 생각에 따라 상태가 변화한다. 피곤하다고 생각하면 실제로 피곤하고 아침이라고 생각하면 기운이 솟아나곤 한다. 사람은 자기 생각과 태도에 따라 컨디션을 조절할 수 있다. 때로는 10시간의 잠이 피곤을 해소하지 못하지만, 1시간의 짧은 휴식이 충분한 휴식의 효과를 가져오기도 한다.

최상의 컨디션을 유지하려면 충분한 휴식이 필요하다. 공부와 관련된 고민은 하지만 휴식에 대해서는 무시하는 경우가 많다. 매일 식사를 하는 것처럼 두뇌의 효율을 높이기 위해서는 충분한 휴식이 필요하다. 따라서 공부 계획을 세울 때는 공부와 휴식 사이의 균형을 맞추는 것이 중요하다.

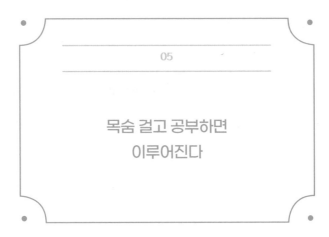

05

목숨 걸고 공부하면
이루어진다

"최고가 되기 위해서는 끊임없이 노력하고, 자신의 한계를 넘어서야 한다. 우리는 우리의 능력을 믿어야 하며, 실패와 좌절에도 포기하지 않아야 한다. 최선을 다하고, 최고의 성과를 이루기 위해 노력하는 것이 중요하다."

– 나폴레옹 보나파르트

김규환 명장은 대우중공업 사환으로 들어가 회사 생활을 시작했다. 그는 훈장 2개, 대통령 표창 4번, 발명 특허 대상, 장영실상을 5번 받았고, 1992년 초정밀 가공 분야 명장이 되었다. 그는 자신이 상을 받고 명장이 된 이유를 "목숨 걸고 노력하면 안 되는 일이 없다."라고 했다.

"사람들은 건강을 잃으면 다 잃는다고 말합니다. 그러나 저는 용기를 잃으면 다 잃는다고 말하고 싶습니다. 목숨 걸고 노력하면 안 되는 일이 없습니다. 저는 국가 기술 자격 학과에 9번 낙방, 1급 국가 기술 자격에 6번 낙방, 2종 보통 운전면허 5번 낙방하고 창피해서 1종으로 바꾸어 5번 만에 합격했습니다. 사람들은 저를 '새 대가리'라고 비웃기도 했지요. 하지만 지금 우리나라에서 1급 자격증 최다 보유자는 접니다. 제가 이렇게 된 비결을 아십니까? 그것은 목숨 걸고 노력하면 안 되는 게 없다는 저의 생활신조 때문입니다."

김규환 명장의 최고가 되는 비결은 부지런히 일하는 것, 내가 만든 제품에 혼신을 담는 것, 목숨 걸고 노력하는 것, 성공하기 위해 준비하는 것, 자신을 위해 준비하고 노력할 때 기회를 만난다는 것, 회사를 종교로 믿는 것이라고 말한다.

골프 황제 타이거 우즈는 3살 때부터 골프채를 잡았다. 하루 12시간씩 연습을 30년 넘게 했으며, 지금도 8시간씩 연습을 한다. 타이거 우즈가 연습을 통해 골프채와 공과 하나가 되듯, 김규환 명장처럼 자기 일에 혼을 담거나 목숨 걸고 노력한다면 이루지 못할 게 없다.

최고가 되는 비결

첫 번째, 자신을 믿어라. 내가 나를 믿지 않는다면 다른 사람들도 나를 믿어주지 않는다. 하루에도 여러 번 나 자신을 믿을 수 있다고 자기 자신에게 이야기하라. 아침에 일어나서 저녁에 잠들 때도, 운동할 때도, 어려운 순간에 부딪힐 때마다 '나를 믿는다.'는 생각으로 마음을 다잡는다면 많은 문제를 해결해낼 수 있다.

두 번째, 간절함이다. 일본 경영의 신이라 불리는 이나모리 가즈오는 저서 『왜 일하는가』를 통해 간절함의 중요성을 강조한다. "간절하지 않으면 꿈꾸지 마라. 간절히 바라면 반드시 이루어진다. 하지만 그 간절함은 분명하지 않으면 안 된다. 막연한 간절함이 아닌 반드시 이렇게 하고 싶다, 이렇게 되지 않으면 안 된다는 의지와 각오가 분명한 간절함 그리고 먹고 자는 것을 잊을 정도로 간절하게 바라면 어느 순간 불현듯 자기도 모르게 놀라운 힘이 발휘된다."

4장

공부의 기술을
활용하라

01

복잡하고 어려운
암기 흐름으로 기억하라

"공부는 자신의 인생을 더욱 가치 있게 만드는 일입니다. 공부하지 않으면, 자신의 인생을 가치 있게 만들지 못하고, 자신의 인생을 발전시키지 못합니다. 하지만 공부하면, 자신의 인생을 가치 있게 만들며, 자신의 인생을 발전시킬 수 있습니다. 따라서, 우리는 공부해야 합니다."

– 존 C. 맥스웰

공부에서 암기는 어려운 부분 중 하나로 여겨진다. 이는 모든 정보를 완벽하게 기억하려고 시도하기 때문이다. 운전 시 모든 도로와 구간을 외우려고 한다면 운전은 불가능해질 것이다. 많은 운전자는 목적지를 설정하고 도로표지판을 참고하여 목적지까지 이동한다. 표지판을 따라가면 목적지에 도착할 것이라는 믿음이 있다. 교차로에서 잠시 머뭇거릴 수 있지만 올바른 방향을 유지한다면 목적지에 제때 도착할 수 있다.

공부에서 암기는 필수적이다. 운전 시 주요 구간만을 기억하고 목적지에 도착할 수 있듯 핵심 내용만을 중점적으로 암기하면 효율적으로 공부할 수 있다. 시험 범위 내에서 중요한 내용을 분류하고 요약하기는 쉽지 않지만, 전체적인 흐름을 이해하면 핵심 내용을 쉽게 구분해낼 수 있다.

공부 범위에서 핵심을 파악하기 위해선 전체적인 '숲'을 먼저 보고 그 후에 '나무'를 찾아야 한다. 즉, 전체적인 흐름과 출제 범위를 이해한 후 공부해야 할 범위를 구분하고 공부 계획을 세워야 한다. 이렇게 습관화되면 언제든지 효과적으로 공부를 해갈 수 있다.

공부의 연속성을 유지하기 위해 가장 중요한 것은 스트레스 관리다. 하루 동안 떠오르는 생각 중 약 80%가 부정적이라는 연구 결과가 있다. 따라서 선택과 결정을 할 때는 항상 긍정적인 면을 먼저 고려하는 습관을 지녀야 한다.

'햇살 따뜻한 집'에서 가족과 함께 살아가면서 밝은 세상을 꿈꾼다는 김어진 작가는 저서『긍정적 사고의 힘』을 통해 긍정적 사고의 유익함을 말하고 있다. "아름다운 것을 선택하세요. 인내심을 가지세요. 결국, 마음은 긍정적인 생각에 익숙해지고 부정적이고 해로운 생각을 무시하게 될 것입니다." 어려운 상황에서도 문제를 긍정적으로 바라보려는 노력을 포기하지 말고 긍정적인 시각으로 변화될 때까지 기다려보면 좋은 결과를 이끌어낼 수 있다.

먼저 이해하기

전문용어를 이해하는 것은 다소 시간이 걸리지만 한 번 이해하고 나면 학습 속도는 빨라진다. 전문용어는 포괄적인 내용을 담고 있어서 일반적인 언어로 표현하기에는 이해가 어려울 수 있다. 교육 컨설팅 나우닝의 김도윤 대표는 역대 수능 만점자 30명의 공부법을 인터뷰했다. 그중 완벽하게 암기하는 방법은 오직 '완벽한 이해'뿐이라고 말했다.

"김동만 학생은 만점자 중에서 기억력이 가장 뛰어난 학생이었다. '저 같은 경우에는 고등학교 3학년 때 하루를 투자하면 A4 용지 20장 정도의 텍스트는 처음부터 끝까지 토씨 하나 안 틀리고 외울 수 있었어요. 물론 제가 완벽하게 이해하고 있는 내용에 대해서 말이죠.' 기억력 천재 또한 이해가 되지 않는 부분은 자주 까먹었다고 했다. 그러므로 우리는 무작정 암기를 하기 전에 이해를 먼저 하려고 시도하고, 노력해야 한다."

「1등은 당신처럼 공부하지 않았다」, 김도윤

오랜 시간 동안 완벽하게 암기했다고 느꼈어도 시험장에서 그 지식을 재현하는 데 어려움을 겪는 경우가 있다. 시험장에서 기억나지 않는다면 단순히 암기한 것일 가능성이 크다. 진정으로 이해한 지식은 어떤 상황에서도 확실하게 떠올릴 수 있다. 암기 전에는 먼저 이해를 하고, 이해를 위해서는 전체적인 흐름을 파악해야 한다. 이해하지 못한 지식은 새로운 정보가 들어오면 쉽게 잊히고 만다. 오랜 시간 기억하고 활용하기 위해서는 먼저 이해를 해야 한다.

공부 계획 세우기

공부 계획을 세울 때는 성과 중심으로 계획을 해야 한다. 예를 들어, 한 달 후에 시험이 있다면 그 시험일을 기준으로 계획을 세우고 필요한 경우 커트라인을 정하여 계획을 조정해야 한다. 성적 향상을 목표로 한다면 시험 일정 역순으로 계획을 세우는 것도 좋다. 공부를 취미나 일상의 일부로만 생각한다면 유연하게 접근할 수 있지만, 성적 향상을 목표로 한다면 시험 일정을 중심으로 체계적인 공부 계획을 세워야 한다. 시험은 특정한 기한이 있지만 시험 준비에는 시간이 항상 부족하므로, 계획을 철저히 실행하기 위해서는 공부 효율을 높이는 방법을 적용해 보아야 한다.

진로진학뉴스 박승원 멘토는 기사 〈학습 코칭 '작심삼일은 이제 안녕'〉에서 스마트하게 계획을 달성하는 방법을 소개한다. 박승원 멘토는 "계획은 의지력이나 노력의 결과물이 아니라 처음부터 성공한 계획과 실패한 계획이 존재할 뿐이다."라며 수많은 사람이 계획이 아닌 소원을 세우고서 계획을 달성하지 못했음을 고백하지만, 박승환 멘토는 처음부터 그것은 소원일 뿐 계획이 아니었다고 말한다. "아무런 노력 없이 목표가 달성되는 일은 없다."라며 스마트(SMART)한 계획 5가지를 말한다.

첫 번째, 구체적인가? (Specific)

두 번째, 측정 가능한가? (Measurable)

세 번째, 행동 지향적인가? (Action—oriented)

네 번째, 실현 가능한가? (Realistic)

다섯 번째, 일정 기간을 두고 달성하는가? (Time—bound)

공부 계획을 세울 때는 너무 무리한 계획보다는 조금씩 성취할 수 있는 방식으로 세우는 것이 효과적이다. 공부 전략 컨설턴트이며 동기부여 교육 연구소장 민성원 대표가 말하는 '좋은 계획을 세우는 4가지 절대 원칙'을 소개한다.

첫 번째, 공부 계획은 현재 수준과 상황을 파악하는 것에서 시작해야
  한다.
두 번째, 장기적인 목표를 먼저 설정하고 이를 달성하기 위한 단기적인
  계획을 세워야 한다.
세 번째, 평가 목표와 행동 목표를 함께 고려하여 계획을 세운다.
네 번째, 작은 계획부터 꾸준히 실천하는 연습을 한다.

『민성원의 공부원리 패턴학습법』, 민성원

자신의 공부법을 소개한 오 군은 "목표를 달성하고 난 뒤 받은 상은 매우 달콤하다."며 목표를 세운 뒤에는 꼭 자신에게 상을 주었다고 한다. 오 군은 하루의 마지막에는 꼭 반성의 시간을 가졌다. 오 군은 "하루를 돌이켜보며 만일 계획대로 지켜지지 못했다면 그 원인이 무엇인지를 찾아내려고 애써야 한다."고 했다.

공부 의지와 두뇌는 서로 다른 특성이 있다. 의지는 공부에 몰입하기 위해 노력하지만, 두뇌는 지속적인 생각과 고민을 피하려 한다. 그래서

스스로 생각하는 공부는 힘들게 느껴지지만, 게임이나 미디어 같은 활동은 쉽게 즐길 수 있는 것이다. 주도적인 공부는 두뇌력을 강화한다. 디지털 미디어를 통해 정보를 빠르게 습득한다고 착각할 수 있지만, 이러한 정보는 장기적으로 기억되기 어렵다. 오랜 시간 기억하려면 깊게 생각하고 고민하는 것이 필요하다. 지속적인 미디어 노출은 판단력을 떨어뜨리며 공부 방해요소로 작용한다.

『디지털 치매』에서는 디지털 미디어가 두뇌에 미치는 부정적인 영향에 대해 말해준다. 우리는 하루 24시간으로 설정된 오늘이라는 시간 동안 과연 몇 시간이나 미디어를 접하면서 시간을 보내고 있을까? 디지털 기술은 더 손쉽게 디지털 미디어에 중독되게 만들었고, 디지털 미디어는 우리가 쉽게 손을 댈 수 없는 정보에도 손을 뻗게 하였다. 이미 많은 10대 청소년 중 상당수가 스마트폰의 검색을 통해 유해 성인물을 접한다는 사실은 우리에게 전혀 놀라운 일이 아니다. 생각하는 공부는 두뇌력을 강화하는 반면, 미디어는 두뇌를 단순하게 만들어 지식은 많으나 생각하지 못하는 바보로 만들고 있다.

목표를 시각화하면 집중력을 유지할 수 있다. 계획을 실천한 후에 색연필로 표시를 하면 색칠만으로도 단기적인 보상의 효과를 준다. 시각적

인 효과는 빠른 자신감과 성취감을 얻게 만든다. "공부 계획을 지연시
키지 않고 실천할 방법은 계획표를 시각화하는 것이다. 시각적으로 노
출함으로써 가장 먼저 공부를 생각하게 만드는 것이다."

〈오늘 공부를 미루면 내일 헉헉댄다', 중앙일보, 2009.01.17.〉

공부에서 뒤처지지 않으려면 흐름을 유지해야 한다. 마라톤에서는 목
표 기록을 달성하기 위해 '페이스메이커'의 도움을 받는다. 페이스메이커
의 속도에 맞춰 달리면 계획한 시간대에 목표 지점에 도달할 수 있다. 계
획 없이 공부하면 중도에 포기하거나 목표 시간을 지키기 어렵다. 따라
서 공부 계획표는 페이스메이커의 역할을 하며 잘 만들어진 계획표는 목
표 달성에 많은 도움을 준다.

공부 계획을 세울 때 '할 수 있다.'는 자신감이 없다면 그 계획은 이루
어지기 어렵다. 이미 목표를 달성했다는 믿음과 자신감으로 계획을 세워
야 한다. 성공한 상황을 상상하며 하루, 일주일, 한 달, 일 년 동안의 세
부 계획을 구체적으로 작성한다. 이렇게 스스로 세운 계획은 공부에 대
한 긴장을 해소해주며 고민하는 시간을 줄여준다. 시험 점수가 기대에
미치지 못하더라도 계획을 실천했다는 자부심으로 '나도 할 수 있다.'는
자신감을 갖게 되어 공부를 지속할 수 있는 동기부여가 된다.

공부 습관을 만들기 위해서는 공부 플래너를 사용하는 것이 좋다. 대한민국 습관의 멘토 이범용 작가는 『습관의 완성』을 통해 "문제는 개인의 의지가 아닌 습관 전략의 차이다."라고 했다. 저자는 습관을 기르기 위해서는 4가지 관문을 통과해야만 된다고 말한다.

"처음 3일은 작심삼일의 유혹을 넘어가는 시간이며 21일은 뇌가 습관을 인식하는 데 필요한 시간이다. 66일은 몸이 습관을 기억하는 데 필요한 시간이고, 90일은 죽음의 계곡을 넘어서는 데 필요한 최소한의 시간이다."

『습관의 완성』 이범용

공부 습관을 들이기 위해서는 솔개가 환골탈태하여 40년을 더 살거나 바닷가재가 껍질을 탈피하여 불로장생하는 것처럼 인내와 노력이 필요하다. 이 과정에서 어려움을 극복하고 습관을 성공적으로 확립하면 평생 공부를 즐길 수 있게 된다.

브리티시컬럼비아대학교에서는 공부 습관을 형성하는 데 66일이라는 시간이 필요하다는 연구 결과를 발표했다. 습관을 들이기 위한 플래너를 만들기 위해서는 다음과 같은 단계를 따라야 한다.

첫 번째, 계획을 세분화한다.

두 번째, 방해 요소를 차단한다.

세 번째, 수정과 반복을 되풀이한다.

네 번째, 융통성 있게 작성한다.

다섯 번째, 컨디션을 관리한다.

첫 번째, 세분된 플래너를 작성하라.

플래너를 작성할 때는 공부 시간, 업무, 행사, 약속 등을 모두 예상하여 포함한다. 일일, 주간, 월간, 분기, 반기, 연간 단위로 계획을 세우며, 예상치 못한 일정 변동으로 인한 계획 지연을 대비하여 반복해서 수정하고 보완해야 한다.

계획을 지연시키는 주요한 원인으로는 업무, 가족, 건강 등이 있다. 예상치 못한 일정 변동이 많을수록 계획 진행은 더 어려워진다. 따라서 계획은 일상적으로 검토하고 필요한 부분은 수정하는 습관을 들여야 한다. 무엇보다 중요한 것은 목표 달성에 대한 확고한 의지를 가지는 것이다. 시간을 세분화하는 것은 시간을 효과적으로 활용하는 방법의 하나다. 하루를, 일어나서 잠들기 전까지의 시간을 한 시간 단위로 구분하여 출근 시간, 업무 시간, 휴식 시간, 퇴근 시간, 그리고 잠들기 전까지의 시간으로 세분화하여 관리해야 한다.

두 번째, 방해 요소에 대처하라.

중복되는 작업은 한 번에 처리하고, 급하지 않은 일은 시험 후로 미루거나 미리 조치한다. 사소해 보이지만 미처리 시 문제가 될 수 있는 일은 즉시 처리하며, 중요하면서도 일정이 유연한 일은 계획을 세워 주기적으로 검토해간다.

2015년 4월 29일 자 중앙일보의 〈성공한 사람들의 특징 6가지〉 기사에서는 성공한 사람들의 6가지 사고방식을 소개한다.

첫 번째, 성공한 사람들은 남이 지시하기 전에 알아서 능동적으로 판단하고 행동한다.

두 번째, 성공한 사람들은 일하다가 장애물이 발생해도 당황하지 않고 풍부한 재치로 위기를 기회로 만들어낸다.

세 번째, 성공한 사람들은 열정으로 일을 하고 주변 동료와 회사 전체에 영향을 미친다.

네 번째, 성공한 사람들은 언제나 더 빨리 움직이고 혁신적인 방안을 찾아낸다.

다섯 번째, 성공한 사람들은 혼자 모든 것을 하려 하지 않고 팀플레이를 적극적으로 활용한다.

여섯 번째, 성공한 사람들은 미리 계획하고 대처한다. 그리고 경청하는
습관이 몸에 잘 배어 있다.

공부 목표를 달성하기 위해서는 직장, 가정, 자기 관리의 균형을 중요
하게 생각하고, 계획을 세울 때 직장과 가족을 위한 시간도 충분히 고려
해야 한다. 가정에 소홀함이 공부에 잠재적인 방해 요소가 될 수 있기 때
문이다. 직장에서 발생한 문제는 공부 계획을 지연시키며 가정과의 소통
이 부족하면 마음 편하게 공부할 수 없다. 결국, 공부의 시작과 끝은 직
장과 가정에서 이루어진다.

세 번째, 수정을 반복하라.
공부 계획은 목표 달성 때까지 반복적인 수정과 검토가 필요하다. 하
루를 시작하기 전에 계획을 점검하고 예상치 못한 일정이 추가될 경우
계획을 수정해야 한다. 갑작스러운 약속에 즉시 응답하기보다는 '일정을
확인하고 알려드리겠다.'와 같이 대응할 준비를 하거나 필요할 때 거절
하는 방법도 익혀두어야 한다. 예를 들어, '가족과 상의하고 알려드리겠
다.', '약속이 있어서 일정을 조정해야겠다.' 등으로 대응할 수 있다. 갑작
스러운 행사나 모임이 공부에 방해가 될 경우, 미리 자신의 일정을 알려
주어 모임 일정을 조율할 수 있도록 하면 좋다. 가능하다면 시험이 끝난

후에 약속을 잡는 것이 바람직하다.

완벽해지기 위해서는 반복이 필수적인 과정이다. 화가, 요리사, 엔지니어, 운동선수 등 모든 분야에서 최고의 성과를 내기 위해서는 반복이 필요하다. 피겨스케이팅의 김연아 선수는 10년 동안 최소 3,000번 이상의 엉덩방아를 찧어가며 훈련을 반복해 역사상 가장 뛰어난 선수가 되었다. 반복은 단순해 보이지만 그 안에는 강력한 힘이 숨겨져 있다.

"오늘 1,000개의 공을 치겠다고 자신과 약속했으면 1,000개를 쳐야 한다. 999개를 치고 내일 1,001개를 치겠다며 골프채를 내려놓는 순간 성공의 길은 나의 곁을 떠나간다."

– 최경주

네 번째, 융통성 있게 계획하라.

융통성은 사전적으로 마주하는 상황에 따라 유연하게 일을 처리하는 능력을 의미한다. 고정된 사고 패턴을 벗어나 새로운 해결 방안을 도출해내는 능력을 포함한다. 처음부터 완벽한 계획은 존재하지 않는다. 완벽한 계획을 추구하는 까닭에 고정관념에 사로잡혀 유연한 사고방식을 잃어버릴 수 있다. 공부 중 마주하는 다양한 상황에 따라 계획을 유연하게 조절할 수 있어야 한다. 공부의 신 강성태 역시 공부 계획에 있어 매일 융통성을 발휘했다.

"아침에 눈을 뜨면 과목별로 계산해둔 오늘 하루 공부할 분량을 떠올렸다. 하루 안에서는 조금 융통성을 발휘하기도 했다. 오후에 다른 일이 있으면 오전에 좀 더 많은 양을 공부하거나 오전에 공부를 잘 못했으면 오후에 더 많이 공부하는 식으로 조절해 나갔다. 이렇게 하루 안에서 시간은 융통성 있게 운영했지만, 하루 안에 정해진 분량은 무슨 일이 있어도 끝냈다."

『미쳐야 공부다』 강성태

갑작스러운 일정에 대처하지 못하면 공부는 지연된다. 계획을 세울 때 갑작스러운 일정에도 유연하게 대응할 수 있는 대책을 마련해 두어야 한다.

다섯 번째, 컨디션을 관리하라.

지식을 습득하거나, 이해하고 실천하는 것은 몸이다. 공부의 효율을 높이기 위해서는 건강관리가 필수적이다. 충분한 휴식, 영양의 균형, 체력 단련 등을 계획하고 실천해야 한다. 아무리 풍부한 지식을 가지고 있어도 건강하지 않으면 그 지식을 제대로 활용할 수 없다. 하루의 공부 시작과 끝에는 휴식 시간을 적절히 확보하며, 중간에도 적당한 휴식을 취해야 한다. 오랜 기간 공부하기 위해서는 건강한 상태가 기본적으로 필요하다.

서울대학교 정치외교학부 김명민 교수는 저서 『공부란 무엇인가』에서 체력의 중요성을 말한다.

"매사에 체력은 기본이지만, 학문의 길에서 체력은 특별히 중요하다. 학문은 장기 레이스이기 때문이다. 열정을 오래 유지할 체력이 없으면 아무런 성과를 낼 수 없다. 기어이 일정한 성과를 거두고자 하는 사람은 장기전에 필수적인 체력을 길러야 한다."

『공부란 무엇인가』, 김영민

공부는 휴식과 균형을 이루어가야 한다. 휴식을 생각지 않는 공부는 건강을 해칠 수 있으므로 균형 잡힌 계획이 필요하다. 하루 적절한 수면 시간을 지키는 것은 건강을 유지하는 데 필요하며 수면 시간이 부족할 경우 집중력 저하와 피로를 발생시킨다. 수면 부족으로 누적된 피로는 치료와 회복에 필요한 시간과 노력을 증가시킨다. 공부 목표를 달성하기 위해서는 건강도 함께 관리해야 하며 그것이 아프고 난 후 회복하려는 노력보다는 더 효율적이다.

문장에 리듬 넣기

노래할 때 모든 가사를 완벽하게 암기하기보다는 리듬에 맞춰서 흥얼

거리면 가사가 자연스레 기억된다. 리듬을 활용할 때 가사는 쉽게 외워진다. 리듬 없이 가사만 외우려고 하면 노래가 아닌 숙제나 다름없다. 리듬은 가사를 더 오래 기억하게 도와주며 노래의 감정을 깊게 전달하는 데 도움을 준다. 공부도 노래하듯 리듬을 활용하면 더 즐겁게 할 수 있다.

시험에서 암기한 것을 전부 기억하지 못한다 해도 조금씩 떠오르는 단어나 내용을 기록하다 보면 마치 노래 가사처럼 자연스럽게 기억이 떠오른다. 노래할 때 처음에 가사가 떠오르지 않아도 리듬에 맞춰 흥얼흥얼하다 보면 가사가 기억나곤 한다. 학교에서 선생님은 주관식 문제에서 빈칸으로 두지 말고 무언가를 적으라고 하였는데 그 이유는 리듬의 원리를 알고 있었기 때문이다.

암기해야 할 문장에 리듬을 추가하면 즐겁게 공부할 수 있다. 예를 들어 조선왕조 계보를 외울 때 '태정 태세 문단 세~'처럼, 역사의 중요한 인물들을 기억할 때 '아름다운 이 땅에 금수강산에 단군 할아버지가 터 잡으시고~'와 같이 리듬에 맞춰 학습하면 긴 문장도 쉽게 기억할 수 있다. 포항공대 수학과를 졸업하고 20년간 대치동에서 수학 강사로 활동한 김정환 원장은 효율적인 암기법 중 하나인 음악을 활용한 암기법을 사용했다.

"공부 내용을 음악과 연관 지어 다양하게 활용합니다. 공부 내용이 길고 복잡하면 음악의 랩과 연결해 리듬에 맞춰봅니다. 공부 내용을 랩 노래 가사처럼 음악에 실어보는 과정에서 공부가 즐겁고 내용을 쉽게 암기할 수 있습니다."

『공부의 길』 김정환

암기해야 할 문장에 리듬을 더하는 것은 텍스트에 감정을 부여하는 것과 같다. 이는 금방 잊히는 지식이 아니라 마음에 깊게 자리 잡게 만드는 방법이다. 자신이 즐겨 듣는 노래나 음악의 리듬을 활용하여 암기하면 오래도록 기억에 남는다.

스토리로 기억하기

여행, 연애, 결혼, 그리고 자신만의 인생 스토리는 추억으로 오랜 시간 동안 기억에 남는다. 암기해야 할 단어와 문장을 스토리화하여 학습 도구로 활용하는 것이 효과적이다. 단어와 문장을 연결하는 과정에서 각각의 내용이 의미를 갖게 되며, 이렇게 구성된 스토리는 기억하기 쉽고 오래도록 기억에 남는다.

세계기억력선수권대회에서 그랜드마스터가 된 이케다 요시히로는 "뇌는 실제로 체험하거나 경험한 에피소드를 추억처럼 장기 기억으로 보관하려는 성질을 가졌다."라며 얼마든지 노력만으로도 기억력을 향상할 수 있다고 한다. 그는 공부한 내용을 오래도록 기억할 수 있는 뇌를 잘 활용하는 방법은 '공부한 내용을 에피소드로 바꾸는 것'이라고 말한다. 암기해야 할 것을 등장인물로 의인화하고 이야기를 만들어 영화나 드라마처럼 만든 뒤 머릿속으로 상상을 하면 살아 있는 지식이 된다.

스토리화를 위해서는 암기해야 할 핵심 내용을 먼저 찾아내어 같거나 유사한 내용으로 분류한다. 핵심 단어를 시간순이나 행동의 순서에 맞게 배열하고 이어서 암기할 내용과 연관 지을 수 있는 내용으로 이야기를 구성한다. 이러한 이야기를 이미지나 구체적인 모양으로 시각화하거나 생생하게 상상해낼 수 있다면 필요할 때 쉽게 떠올릴 수 있다. 이렇게 만들어진 스토리를 반복적으로 떠올리며 공부를 해간다.

경험은 현실과 밀접하게 연결되어 있어 언제든지 쉽게 기억해낼 수 있다. 스토리를 구성할 때는 처음에는 간단한 단어나 문장으로 시작하여 점차 중요하고 핵심적인 내용을 추가하며 이야기를 발전시켜나간다. 결론 부분에서는 다른 내용과 자연스럽게 연결하면서 스토리가 완성된다. 이러한 스토리 전개 방식은 사건이 발생하는 시간이나 행동 순서대로 배열되기 때문에 쉽게 이해되고 오랫동안 기억에 남게 된다. 공부할 내용에 의미를 부여하고 암기를 하면, 공부한 내용을 오랫동안 기억할 수 있게 된다.

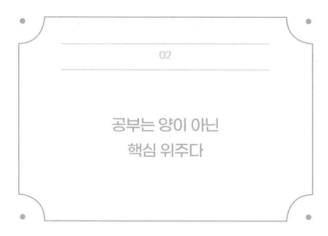

02

공부는 양이 아닌
핵심 위주다

"핵심을 파악하는 것은 어떤 문제든 해결하는 첫걸음이다. 문제의 핵심을 파악하고, 가장 효과적인 방법을 찾는 것이 중요하다. 핵심을 파악하면, 문제를 해결하는 데 필요한 정보를 얻을 수 있다. 그리고 문제를 해결하는 데 필요한 정보를 얻으면, 문제를 해결하는 데 필요한 계획을 세울 수 있다."

– 알베르트 아인슈타인

공부에서 중요한 것은 얼마나 많은 양을 공부했는지보다는 얼마큼 핵심적인 부분을 집중하여 공부했는지다. 합격자들은 답안을 작성할 때 불필요한 내용을 기록하지 않는다. 채점의 기준을 정확히 알고 핵심적인 내용만을 답하기 때문이다. 주어진 시간 안에 모든 수험자의 답안을 자세히 확인하기 어려우므로 핵심 단어를 파악하여 채점할 수밖에 없다. 아무리 많은 내용을 작성했더라도 핵심 내용이 빠졌다면 좋은 점수를 받을 수 없다.

『핵심읽기 최소원칙』의 정경수 작가는 저서에서 '시간이 많이 주어졌다고 해서 좋은 성과가 나온다는 보장은 없다.'라고 말한다.

> "수험생은 시험에서 많이 출제된 단원을 집중적으로 공부한다. 그저 열심히 공부하는 학생보다 핵심에 집중해서 공부하는 학생이 더 좋은 점수를 받는 건 당연하다. 시험에서 높은 점수를 받으려면 출제 범위를 모두 공부할 게 아니라 출제자의 의도를 분석해서 핵심 위주로 공부해야 효율을 높일 수 있다."
>
> 『핵심읽기 최소원칙』, 정경수

공부는 노력한 만큼의 성과를 만들어야 하며 시험장에서 기억되지 않는 지식은 모르는 것과 다를 바 없다. 만약 사법 고시를 준비할 때 헌법을 모두 암기해야만 합격할 수 있다면 합격률은 더욱 저조할 것이다. 하지만 합격하는 사람은 꼭 있다. 그렇다면 모든 합격자가 모든 법률을 완벽하게 암기하고 이해했을까? 합격자들은 핵심 위주의 공부를 해갔다.

공부는 카멜레온처럼 환경에 따라 적응하며 변화해야 한다. 환경이 변하면 공부 계획도 그에 맞춰 유연하게 조정해야 한다. 만약 1시간 후에 독후감을 써야 한다면 한 글자, 한 문장을 세세하게 읽는 것보다 핵심 내용을 중심으로 빠르게 읽어야 한다. 3시간 후에 독후감을 작성해야 한다면 1시간 주어진 경우보다 시간적 여유가 있다. 1시간 동안의 조급함을 경험한 사람이라면 3시간 동안 꼼꼼하게 책을 읽는 대신 먼저 1시간 동안 본문을 읽은 후 1시간은 복습을 하고, 남은 1시간은 독후감을 작성하는 것이다. 공부 계획을 세울 때는 시간 단위로 구체적으로 계획을 세우되 핵심 내용을 위주로 밀도 있게 시간을 활용해야 한다.

10시간 동안 공부할 시간이 주어진다면 그 시간을 기반으로 계획을 세우고 집중적으로 공부해야 한다. 그러나 10시간 동안 해야 할 분량이지만 1시간만 주어진다면, 짧은 시간 동안에도 핵심적인 내용에 중점을 두고 효율적으로 공부해야 한다. 링컨은 자신에게 '나무를 벨 시간이 1시간 주어졌다면 45분은 도끼날을 갈겠다.'라고 했다. 핵심 내용만을 공부하기 위해서는 해야 할 것과 포기해야 할 것을 명확히 구분하고 이어서 공부할 내용을 효과적으로 기록할 방법을 고민해야 한다. 주어진 시간 동안 핵심 내용을 구분하고 정리한 후에 공부를 시작해야 한다.

공부하기 전에 핵심 내용을 명확하게 구분한다면 그러한 노력이 학습 과정에서 기억되기 시작한다. 살면서 겪는 여러 경험 중에는 잊히는 것도 많은데 그 이유는 그 사건이 별다른 의미나 가치가 없기 때문이다. 오감을 통해 느끼는 학습 경험은 오래 기억되며 어떤 지식은 평생 기억된다.

80%만 이해하라

마라톤 풀코스(42.195㎞)를 완주하기 위한 훈련 시 대부분의 사람이 완주 거리를 연습할 것으로 생각하지만 실제로는 그렇지 않다. 경기를 앞두고 하는 훈련은 일반적으로 전체 거리의 80%만을 연습하는 것이 일반적이다. 이 정도의 훈련만으로도 충분히 경기에서 능력을 발휘할 수 있기 때문이다. 2011년 대구세계육상선수권 한국 남자 마라톤팀을 이끈 정만화 감독은 대회 당일까지 훈련은 '속도·페이스 평소 80%'만 유지해도 목표를 달성할 수 있다고 한다.

> "'80-80 원칙'을 지킨다. 달리는 시간과 페이스를 평소의 80% 수준으로 떨어뜨려 컨디션을 조절하라는 뜻이다. 대회가 가까워진다고 해서 속도를 높이거나 훈련량을 늘리면 피로가 쌓여 역효과가 난다."
>
> 〈'속도·페이스 평소 80%만', 조선일보, 2011.10.13.〉

잘못된 훈련은 최고의 속도만을 추구하는 것과 목표 지점을 초과하여 달려보는 것이다. 충분한 거리를 달려보았다는 느낌으로 안도할 수 있지만 이러한 훈련 방식은 경기 때 심적인 나태함, 체력의 소모, 그리고 근육의 피로를 초래할 수 있다. 경기까지의 시간이 충분하다면 목표 거리보다 더 긴 거리를 훈련하는 것은 효과적일 수 있지만, 경기가 임박한 상황에서는 훈련과 휴식의 균형 잡힌 컨디션 관리가 중요하다.

충분한 시간과 여유가 있을 때는 깊고 넓게 공부하는 것이 바람직하지만, 시험 준비 과정에서는 대체로 시간이 부족하기에 모든 내용을 완벽하게 이해하고 암기하기는 어렵다. 시험 범위를 알려주는 이유는 모든 범위를 공부하기 어렵다는 점을 이해하기 위함이다. 시험을 준비하면서 완벽하게 준비해야 한다는 압박감은 휴식을 방해하고 조급함은 스트레스를 만들어낸다.

모든 범위의 내용을 완벽하게 이해하고 암기해야만 좋은 성적을 받는 것은 아니다. 핵심 내용을 위주로 학습하고 암기한 후에는 추가적인 내용을 차근차근 공부하면 된다. 길을 잃지 않고 목적지를 효과적으로 찾아가는 방법은 자주 다녀보는 것이다. 공부한 내용을 오래 기억하기 위해서는 반복 학습이 필요하다. 내비게이션을 통해 길을 찾는 것처럼 다른 사람에게 의존하는 공부로는 진정한 학습의 목적을 달성하기 어렵다.

　수험생에게는 항상 시간이 부족하다. 특히 시험 일정이 임박하면 공부에 대한 조급함이 더해진다. 시간이 부족한 상황에서 효율적으로 성과를 내기 위해서는 전체적인 흐름을 빠르게 파악하고 핵심 내용을 집중적으로 반복 학습해야 한다. 어느 정도 이해와 암기가 완료되면, 유사한 내용과 연결하여 학습하면 효과적으로 공부를 할 수 있다. 80%의 내용을 목표로 학습하고 이해하면 나머지 20%는 자연스럽게 이해되기 시작한다.

03

천재를 만드는
비결 복습의 힘

"복습은 다시 공부하는 것이 아니라 주요한 문제들을 빠르게 재검
토하고, 그것들을 모두 올바른 관점에서 살펴보는 것이다. 만약 예
약해 놓았다면 도움이 될 것이다. 어떤 문제에 대한 설명을 작성해
놓으면 그것을 명확하게 이해하고 기억 속에 각인시키는 데 도움
이 된다."

– 조지 필모어 스웨인

　공부 시간이 충분하다고 해서 반드시 좋은 결과만을 주는 것은 아니
다. 오랜 시간 공부했다고 해서 전부 다 암기되는 것도 아니다. 공부한
성과는 시험 결과를 통해 알 수 있다. 갑작스러운 운동으로 실력이 향상
되지 않는 것처럼 공부도 꾸준함이 중요하다. 암기가 잘 안 된다면 오래

붙잡지 말고 다음 내용으로 넘어가며 반복 횟수를 늘려 학습 효과를 높여야 한다.

청솔학원 영어과 대표 강사이며 학습 동기부여가 이형 선생은 저서 『위대한 반복의 힘』에서 반복의 중요성을 말한다.

"학습과 업무의 반복에서 반복이 진행되면서 저절로 암기된다. 암기가 되면 능숙해지고 실력이 향상될 수 있는 바탕이 된다. 특히 구간 반복을 통해서 암기되고 숙달되면 학습이나 업무 실행의 속도와 실행력이 급격히 증가하게 된다."

『위대한 반복의 힘』 이형

하루를 오전, 오후, 저녁으로 구분하고 잠들기 전 공부한 내용을 전체적으로 훑어보는 것이다.

---

3 + 1 공부법

▶ 공부 시간 : 오전 8시 ~ 오후 12시
▶ 공부 과목 : 3과목
▶ 반복 횟수 : 3회 반복 + 전체 복습
▶ 시간 구분 : 오전, 오후, 저녁, 잠들기 전
　－1회 반복 : 오전 8시 ~ 12시(4시간)　　－2회 반복 : 오후 1시 ~ 5시(4시간)
　－3회 반복 : 저녁 6시 ~ 10시(4시간)　　－전체 복습 : 저녁 11시 ~ 12시(1시간)

---

1. 과목의 범위와 난이도에 따라 반복 학습 횟수를 결정한다.

2. 하루를 오전, 오후, 저녁, 잠들기 전까지 3+1의 반복 사이클로 구분한다.

3. 시간 계획을 세워 50분간 공부하고 10분 휴식을 한다.

4. 타이머를 사용하여 과목별 공부 시간을 점검한다.

5. 시간을 지연시키는 문제나 오답은 표시하고 복습할 별도의 오답 노트에 기록한다.

6. 1회(오전) : 전체 내용의 흐름을 파악한다.

   2회(오후) : 이해하는 문제와 어려운 문제를 구분한다.

   3회(저녁) : 암기해야 할 핵심 내용을 정리한다.

7. 잠자기 전에는 전체적인 핵심 내용을 복습한다.

여러 과목을 동시에 공부해야 한다면 모든 과목이 주어진 시간 안에 공부될 수 있도록 계획을 세워야 한다. 예를 들어 3과목을 5시간 동안 공부해야 한다면 각 과목에 대해 1시간씩 배분하고, 1시간 30분은 각 과목당 30분씩 복습을 진행한다. 남은 30분은 집중이 필요한 부분이나 이해되지 않은 문제를 별도로 표시해둔 오답 노트의 문제에 집중한다. 이렇게 반복하면 하루 동안 3번의 학습 사이클을 완료할 수 있다. 3일 동안 이를 반복하면 총 9번의 학습이 된다.

반복을 지연시키는 주요 요인은 이해되지 않는 문제와 난이도가 높은 문제다. 이러한 문제는 시험에 꼭 나올 것 같은 불안감을 만들어 쉽게 넘어가기 어렵게 한다. 공부를 지연시키지 않기 위해서는 시험 때까지 오래 기억할 수 있는 학습 계획이 필요하다. 난이도가 높아 이해하기 어려운 문제는 일단 넘어가고 해당 문제를 오답 노트에 기록한다. 시간이 충분하더라도 반복적인 학습으로 공부한 내용을 장기 기억으로 옮기는 것을 생각하며 공부해가야 한다.

학교 수업이 50분의 수업과 10분의 휴식으로 구성된 것을 보면 평균적으로 집중할 수 있는 시간은 1시간 미만인 것을 알 수 있다. 또 다양한 과목으로 편성되어 있는 수업 시간표를 봐도 온종일 한 과목에만 집중하는 것보다 다양한 과목을 교차로 공부하는 것이 효과적임을 알 수 있다. 하루의 수업 시간이 4시간, 6시간, 8시간으로 구성된 것은 학습 효과를 높이기 위한 시간 배분이다.

수험서의 모든 내용을 완벽하게 암기하는 것은 현실적으로 불가능하다. 시험을 앞두고 시험에 출제될 만한 주요 문제를 구분하지 못한다면 시간을 효율적으로 활용할 수 없게 된다. 수험서의 모든 내용을 깊이 이해하고 완벽하게 암기하려는 욕구는 '모든 투자에서 수익을 100% 얻겠다.'는 것과 같다. 시간을 효율적으로 활용하려면 선택과 집중이 필요하다.

이해와 기억은 서로 다르므로 '모든 것을 완벽하게 이해하고 기억할 수 있다.'는 생각은 착각이다. 만약 시험에서 '알고 있는 내용을 모두 설명하시오.'라는 문제가 나온다면 공부할 모든 내용에 집중해야 하겠지만 실제로 그러한 문제는 없다. 대부분은 문제는 '아는 내용을 바탕으로 답하시오.'라는 형태로 출제된다. 시험장에서 수험자가 아는 지식을 지칠 때까지 기록할 수 없고 채점자도 며칠이나 채점을 할 수 없으므로 핵심적인 내용 위주로 공부를 해갈 수밖에 없다.

시험은 이해한 지식을 어떻게 효과적으로 기록할 것인지에 관한 문제이다. 출제자는 문제를 만들기 위해 많은 시간과 노력을 투자한다. 따라서 시험을 잘 볼 수 있는 핵심 전략은 출제자가 어떤 유형의 문제를 낼 것인지 예측하는 능력을 키우는 것이다. 수험자의 예측 능력에 따라 시험 결과도 달라진다. 출제자의 노력만큼 수험자 역시 문제를 해결하기 위한 충분한 노력을 기울이지 않는다면 시험 결과에 만족하지 못한다.

공부를 시작하기 전에 출제자의 성향을 파악하는 것도 중요하다. 출제자가 어떤 유형의 문제를 낼지, 어떤 답을 원하는지를 예측할 수 있다면 원하는 시험 결과를 얻기 쉬워진다. 출제자는 수험생의 수준을 고려하여 문제를 내지만, 수험생은 출제자의 관점을 고려하지 않고 시험을 준비하기 때문에 늘 시간에 시간에 쫓긴다. 수업에 참여할 때 '이 과목에서 어떤 문제가 출제될까?'라는 질문을 생각한다면 수업 시간을 효율적으로 활용할 수 있다.

장승수 변호사는 어릴 적 가정 형편이 어려워 잦은 이사 때문에 고등학교까지 나쁜 성적으로 졸업을 했다. 이후 공부를 포기하고 막노동판에서 전전긍긍하며 살아갔다. 그렇게 살아가는 것이 너무 힘들어 다시 공부를 시작했고 결국 서울대학교를 전체 수석으로 입학했다. 졸업 후 사법시험에 합격하여 변호사가 되었다. 그는 공부의 기본은 시험 범위라고 말한다.

"모든 시험에는 범위라는 게 있다. 시험공부를 하는 학생은 이 시험 범위 안의 내용만 공부하면 된다. 그런데도 시험을 준비하는 학생들은 물론이고 심지어는 선생님들까지도 이처럼 명백한 사실을 좀처럼 받아들이려 하지 않는 것 같다."

『공부가 가장 쉬웠어요』 장승수

시험 전에 학원에서는 평소보다 오랜 시간 공부하거나 때로는 휴일까지 공부를 시키곤 한다. 이는 어떤 문제가 출제될지 예측할 수 없어서 양을 늘려 승부를 거는 방식이다. 특정 과목에 관한 공부 시간을 늘리게 되면 다른 과목의 공부 시간이 줄어들어 전체 성적에 영향을 미친다. 핵심적인 내용에 중점을 둔 공부를 한다면 1시간의 효과적인 공부로도 충분할 때가 많다. 그러나 출제의 방향을 몰라서 하는 학원에서의 과도한 수업은 오히려 전체 성적을 떨어뜨린다. 오랜 시간 한 과목에만 집중하다 보면 공부 시간과 집중력이 소진되어 다른 과목에 집중하기 어려워진다. 특정 과목의 성적도 중요하지만, 내신을 고려한다면 균형 잡힌 학습이 필요하다는 것을 알아야 한다.

이해되지 않거나 기억되지 않는 문제는 기존의 방법으로는 해결하기 어렵다는 것을 알기 때문에 별도의 시간을 투자하여 공부해야 한다. 농구를 할 때는 농구에 적합한 신발을 신는 것처럼 다른 문제나 과목에는 적합한 방법으로 학습을 해야 한다. 만약 지금까지의 공부 방식에 발전이 없다면 새로운 방법을 적용해보아야 한다.

암기되지 않는 내용은 눈에 자주 띄도록 노출시킨다. 예를 들면 출입문에 붙여두어 방을 들어올 때마다 볼 수 있게 한다. 문제를 자주 접하면 자연스럽게 익숙해지며 TV 광고를 자주 보면 구매 의욕이 생기는 것과 비슷한 효과를 얻을 수 있다. 암기가 어려운 문제는 반복해서 볼 필요가 있다.

이해되지 않는 문제에 대해 지나치게 걱정하는 것만으로 해결되지 않는다. 때로는 감점의 리스크를 감수하고 그 시간을 자신이 있는 과목에 집중하여 전체적인 점수를 높이는 방법을 선택할 수 있다. 공부의 흐름을 방해하는 작은 문제나 장애물은 크게 신경 쓰지 않고 지나쳐야 한다. 길을 걷다 보면 반드시 돌부리와 같은 장애물이 있을 수 있다. 모든 돌부리를 제거하려고 시간을 낭비하다 보면 목적지에 도착할 수 없다. 모르는 문제는 일단 넘어가고 봐야 한다.

반복을 통해 지식은 체계화된다. 반복하지 않는 지식은 휘발성이 강해 기억 주변에 머물다가 대부분 증발해버린다. 복습은 마치 머릿속에 집을 짓는 것처럼 배운 것을 오랫동안 기억에 머물게 한다. 공부한 모든 내용을 그대로 기억하기는 어렵다. 따라서 핵심 내용을 추려내고 요약하는 과정을 반복하는 것이 중요하다. 학습할 때도 핵심 내용에 집중하여 암기하는 것이 효율적이다.

반복 횟수를 늘리기 위해 핵심 내용을 중심으로 요약 노트를 작성한다. 이 요약 노트는 '애국가'라고만 언급해도 가사가 저절로 떠오르는 듯 핵심 내용을 전체적으로 연상시키는 단어나 문장을 선택하여 제목으로 사용한다. 요약 노트는 세 번 이상 보완을 해야 한다. 요약 노트를 작성하는 것은 암기할 필요가 없는 내용을 분류하는 과정이기도 하다. 노트를 세 번 정도 요약하는 과정에서 대략 80%의 내용이 이해된다. 잘 정리된 요약 노트는 항상 지니고 다닐 수 있는 포켓노트 형태로 만들면 좋다.

공신닷컴 대표 강성태 역시 『이것이 진짜 공부다』에서 공부의 핵심은 복습이라고 했다. "복습하면 할수록 잊히는 속도가 완만해집니다. 그리고 다섯 번 정도 복습했더니 완전히 장기 기억으로 정착되어 잊히지 않습니다. 공부 자체가 복습이고, 복습이 곧 공부입니다. 공부에서 복습이 가장 핵심이고 기본이 되는 겁니다."

04

헤르만 에빙하우스
망각곡선

공부 습관을 들이기 위해서는 매일 일정 시간 동안 공부를 하고 이를
꾸준히 실천하는 것이 필요하다. 자기 주도 학습 전문가 정철희는 중
앙일보의 〈공신들의 한 끗 공부습관〉에서 공부 습관의 원칙을 말한다.

"공부 습관은 한 가지 대원칙에서 시작된다. 매일 일정한 시간에, 일정한 장소에서, 정해진 학습량을, 꾸준하게 실천해가는 것. 이 원칙을 기본으로 자신만의 공부 습관과 스타일을 만들어가는 것이 중요하다."

〈공신들의 한 꼿 공부습관', 중앙일보, 2013.09.20.〉

공부는 단순히 지식을 축적하는 것뿐만 아니라 그 지식을 바탕으로 사고하는 방식을 바꾸는 과정이다. 공부의 진정한 가치는 내재된 능력을 발견하고 자신의 가치를 인지하여 주도적으로 삶을 이끌어가는 것이다. 많은 사람이 공부를 통해 꿈을 이룰 수 있다고 생각하지만, 더 중요한 것은 생각의 한계를 넘어 새로운 꿈을 꿀 수 있게 해주는 것이다.

매일 꾸준히 공부하기 위해서는 신뢰할 수 있는 공부 이론이 기반이 되어야 한다. 헤르만 에빙하우스는 기억 연구의 선구자로 망각곡선과 기억에 관한 이론을 체계적으로 연구하였다.

▶ 학습 후, 10분 후 망각 시작

  → 1시간 후 50% 망각 → 1일 후 70% 망각

  ⇒ 한 달 후 80% 망각

헤르만 에빙하우스 망각곡선 이론

▶ 4회 주기 복습
   → 학습 후 10분 후 복습은 1일 기억
   → 1일 후 복습은 1주일 기억
   → 1주일 후 복습은 한 달 기억
   ⇒ 한 달 후 복습은 6개월 장기 기억

마라톤에서 처음 1㎞를 달린 후 2㎞를 달리려면 1㎞의 한계를 극복해야 한다. 이처럼 거리의 한계를 넘어서면 42.195㎞의 풀코스를 완주할 수 있게 된다. 운동을 잘하는 사람을 가리켜 '운동도 잘하고 일도 뭐든지 잘한다.'고 말하기도 한다. 운동을 예로 들었지만, 어떤 일에서든 주어진 환경과 자신의 한계를 극복하려는 사람에게는 '하늘도 스스로 돕는 자를 돕는다.'는 칭찬과 함께 행운이 찾아온다.

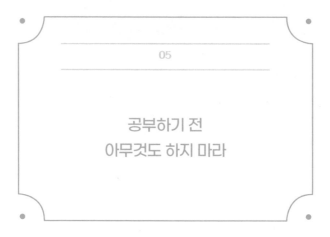

05

공부하기 전
아무것도 하지 마라

"과제를 제대로 하기 위해서는 저녁에 나오는 간식을 굶고, 그다음 날 아침을 굶고, 점심까지 굶어야 했다. 물론 능력이 출중한 좋은 친구들은 아침까지만 굶으면 되었다."

– 김현근

시간의 주인이 돼라

과학고 학생들의 시간 관리는 철저했다. 공부 시간을 벌기 위해서 밥을 굶거나 잠을 포기했다. 불빛을 찾아 화장실에서 공부하고 초 단위 생활을 했다. 이들은 가족과의 시간도 공부에 방해될까 봐 경계했다. 시간을 효율적으로 활용하면 공부의 효율을 높일 수 있지만, 그렇지 않으면 스트레스의 원인이 될 수 있다. 『7일 공부법』의 저자 스즈키 히데아키는 "자투리 시간 활용보다 온전한 시간 몰입이 낫다."고 하였다. 공부 시간을 확보하기 위해서는 남는 시간에 공부하는 것이 아니라, 우선 공부를 하고 나서 다른 일을 해야 한다.

경제적으로 볼 때 시간은 자금과 밀접하게 연관되어 있다. 시간을 효율적으로 활용하면 더 많은 기회를 통해 수익을 만들어낼 수 있다. 공부와 시간도 깊게 연관되어 있다. 시간이 부족하면 공부의 효율성이 저하되며 충분한 시간을 확보하면 공부의 질을 높일 수 있다. 시간을 효과적으로 활용하면 시간의 가치를 최대한 끌어올릴 수 있다.

공부는 1순위다

공부를 1순위로 놓기 위해 의식주를 활용하는 방법이 있다. 첫 번째, 퇴근 후에도 곧바로 공부 모드를 유지하기 위해 퇴근 복장을 유지하며 공부를 시작한다. 그날의 공부 목표를 달성하기 전까지는 편안한 복장으로 갈아입을 수 없다. 옷을 갈아입게 되면 긴장감이 떨어져 피곤함과 졸음이 쉽게 찾아온다. 반면, 퇴근 복장을 유지하면 활동적인 상태를 유지하며 더 빠르고 집중력 있는 공부가 가능하다. 일하면서 흘린 땀과 먼지 때문에 씻지 않고는 편안히 쉴 수 없으므로 공부에 대한 긴박감이 생겨난다. 만약 퇴근 복장으로 잠이 든다면 잠자리가 불편하게 느껴져 일어나 공부에 집중할 수 있게 된다.

　두 번째, 공부 목표를 달성하기 전에는 식사하지 않는다. 배가 부르면 긴장이 풀리며 피로가 몰려온다. 또한, 배가 부르면 몸이 무겁고 나른해져 공부에 집중하기 어려워지기 때문이다. 배고픔을 달래기 위해서 공부 목표를 달성해야 한다는 간절함이 생겨 집중력이 발휘된다.

　세 번째, 도서관으로 퇴근을 한다. 가족을 보고 싶다면 그날의 공부를 마치고 집에 갈 수 있는 상황을 만들어 집중력을 높인다. 이렇게 하면 집에 가는 것을 보상으로 공부에 대한 간절함이 더해져 공부에 집중하게 된다.

　누구나 머리를 쓰는 일보다 육체노동을 선호하는 경향이 있다. 이는 몸으로 하는 일이 골치 아픈 문제를 해결하는 것보다 더 쉽게 느껴지기 때문이다. 축구에서도 골키퍼가 가장 힘들게 막는 골은 헤딩슛이라고 알려져 있다. 육체적 노력은 나이와 체력의 제한을 받기 때문에 꿈을 이루는 데 한계가 있다. 그러나 공신들이 머리 쓰는 공부를 1순위로 두는 이유는 큰 꿈을 실현하기 위함이다.

기본기를 쌓아라

공부에서 기본은 매우 중요하다. 기본을 탄탄히 다지지 않고 성급하게 넘어간다면, 기초의 부실로 건물이 무너지는 것처럼 어려운 문제에 직면했을 때 쉽게 포기하게 된다. 공부는 목표를 달성할 때까지 오랜 시간이 걸리더라도 포기하지 않는 것이 중요하다. 기본을 다지는 것은 공부의 토대를 마련하는 것이므로 성급하게 하려 들지 말고, 많은 시간을 투자하더라도 기본을 탄탄하게 다져야 한다.

> "기본에만 충실하면 누구나 성공할 수 있다. 기본도 못 하면서 욕심만 많으니 성공하지 못하는 것이다."
>
> — 브라이언 트레이시

절대 포기하지 마라

공부를 포기하지 않는 방법은 두 가지가 있다. 첫 번째는 합격한 모습을 상상하며 공부를 하는 것이고, 두 번째는 간절함으로 공부하는 것이다. 합격한 사람처럼 생각하고 행동한다면 그 순간 기쁨과 만족감을 느낄 수 있다. 합격한 순간을 떠올리면 그동안의 노력과 어려움을 극복한 일들이 생각나며 공부했던 그 과정이 가치 있는 시간이었음을 깨닫게 된다. 합격으로 인해 가족과 주변 사람들로부터 축하받는 모습을 상상하고, 꿈을 이루어가는 일들을 상상한다면 지금 느끼는 어려움을 쉽게 극복할 수 있다.

간절함이 클수록 공부에 동기를 부여하여 꾸준함을 유지할 수 있다. 공부할 때 꿈을 이루는 순간을 상상하며 간절함을 잃지 않아야 한다. 나태한 생각을 이겨내고 어려움을 극복하는 것이 중요하다. 간절한 마음은 어려움을 극복하고 쉽게 포기하지 않게 하며 공부를 지속할 수 있는 동기를 부여한다. 자신을 벼랑 끝에 내몰아 '합격하지 못하면 끝이다.'라는 생각을 가지면 뇌가 절박하다는 인식을 하게 되어 시험 전에는 높은 집중력과 암기력이 발휘된다. 우리의 뇌는 간절함을 느낄 때 초인적인 능력을 발휘한다.

5장

합격할 수밖에 없는
자격증 공부법

01

고민은 그만,
우선 원서부터 접수하라

'시작이 반이다.'라는 말은 처음 시작하기는 어렵지만, 일단 시작하면 목표를 이루기 위한 동기부여와 집중력이 생겨난다는 의미이다. 아무리 많은 계획을 세웠더라도 시작하지 않으면 목표를 달성할 수 없다. 더는 시작을 미루고 후회하는 일이 없어야 한다. 자격증을 취득하겠다는 결심을 했다면 어느 정도 정보를 수집한 후 원서를 접수해야 한다. 원서를 접수한 이후에는 바빠서 없다던 시간마저 생겨나며, 정리해야 할 일들도 하나씩 해결된다. 약속을 거절할 수 있는 용기도 생기고 공부를 위한 계획을 세우게 된다. 만약 시작도 하지 않았다면 이러한 변화도 일어나지 않았을 것이다.

원서를 접수한 후에는 수험서를 구입한다. 수험서는 출판사마다 문제 풀이 방식이 다르므로 여러 권을 비교해보며 자신에게 맞는 책을 선택한다. 서점에 방문하여 직접 펼쳐보고 내용을 읽어보는 것이 좋다. 책의 구성, 그림, 표, 과년도 문제 풀이 방식이 이해하기 쉽게 정리된 수험서를 선택한다. 공부 중에 수험서를 변경하지 않기 위해서는 시간이 걸리더라도 충분히 비교해보고 선택해야 한다.

수험서를 결정한 후에는 공부 계획에 맞춰 공부를 시작한다. 공부 시간 계획은 기상부터 잠들기 전까지의 시간을 한 시간 단위로 세분화하여 작성한다. 출근 시간, 휴식 시간, 점심 시간, 퇴근 시간 등을 고려하여 구체적으로 계획한다. 에센바흐는 "시간을 지배하는 사람은 인생을 지배할 줄 아는 사람이다."라고 말했다. 시간을 세분화하는 것은 공부에 온전히 몰입하기 위한 준비다.

버스를 타면 목적지에 도착하는 것은 당연하다. 신뢰라는 버스의 기사는 바로 나 자신이다. 수많은 사람이 시험을 치르고 합격했다. 나도 그들처럼 합격할 수 있다는 확신으로 공부를 해야 한다. 중도에 포기하는 것은 버스에서 중간에 잘못 내리는 것과 같다. 목표를 달성할 때까지 힘이 들더라도 끝까지 자신을 믿고 포기하지 않아야 한다. 천 리 길도 한 걸음부터 시작하는 것처럼 인생에서 성공을 향한 첫걸음은 지금 하는 공부이다.

공부 범위를 확장하라

다양한 분야에 대한 관심은 문제를 창의적으로 해결할 수 있는 능력을 기르는 것이며, 자신의 관심과 장점을 발견하여 진로를 결정하는 데 도움이 된다. 또한, 다양한 분야의 사람들과 소통하고 협력하는 능력도 함께 길러낼 수 있다.

4차 산업혁명에서 자동차는 엔진 기반의 기계에서 전기모터를 활용한 전자 제품으로 변화하였고 스마트폰과의 연결성을 갖는 전자 기술의 시대가 열렸다. 자율 주행 자동차를 완성하기 위해서는 기계, 전기 및 전자, 그리고 인체 공학의 다양한 기술이 융합되어 작동한다. 따라서 모든 기계는 단일 분야의 기술로만 완성되지 않고 다양한 기술이 조합되어 완성된다. 자동차 정비에 관심이 많아 그것이 꿈이라면 정비 자격증만 취득하면 충분하다. 시간과 돈을 낭비해 가며 더 공부할 필요는 없다.

대한민국 자동차 대표 명장인 박병일은 가정 형편으로 중학교를 중퇴하고 버스 회사 정비공으로 입사를 했다. 당시 그는 자동차 정비의 일인자가 되는 것을 목표를 세우고 끊임없는 공부를 통해 차량기술사를 포함해 국가 기술 자격증을 17개나 취득하였다. 만약 박병일 명장이 중학교 중퇴를 끝으로 공부에 손을 놓고 평생 정비만 했다면 기능한국인에 선정될 수 있었을까? 그는 현대자동차 급발진 사고, 독성 메탄올 워셔액 사건, BMW 화재 사건 등 큰 문제가 발생할 때마다 해결사 역할을 하고 있다. 대한민국에서 가장 행복한 기술자인 그는 "돈은 환경에 따라서 뺏길 수 있지만 내가 가진 기술과 지식은 누구도 훔쳐갈 수 없다."라며 지식의 중요성을 강조했다.

02

외우는 순간,
스스로 이해하기 시작한다

"꿈을 이루기 위해서는 꿈을 꾸는 것에서 그치지 않고, 실제로 실천해야 한다. 꿈을 이루기 위해 노력하는 것은 때로는 힘들고 어려울 수 있지만, 그 노력이 결국에는 꿈을 현실로 만들어줄 것이다."

– 서맨사 파워

공부하는 분야마다 먼저 익히고 시작하는 기초가 있다. 국어에서는 모음과 자음, 수학에서는 숫자와 구구단, 영어에서는 알파벳과 단어, 음악에서는 음계와 음정을 먼저 익힌다. 어떤 일이든 기초가 탄탄해야 한다. 성적이 즉시 향상되지 않더라도 기초가 확실하면 그 후 성적이 나아진다. 기초 없이 공부하는 것은 모래 위에 집을 짓는 것과 같아 어려운 문제에 부딪혔을 때 쉽게 좌절하고 포기하게 된다. 평소에 자주 듣던 단어들은 이해하기 쉽지만, 처음 듣는 전문용어는 이해하는 데 시간이 걸린다. 전문용어는 먼저 암기하면 스스로 이해하기 시작한다. 음식을 먹고 나면 소화되는 것처럼 암기를 시작하면 뇌는 자연스럽게 이해를 위해 노력한다. 이해가 쉽지 않다면 먼저 암기부터 시작하라.

운동의 중요성을 강조하지만 모든 사람이 같은 운동을 해야 하는 것은 아니다. 개인의 성향에 맞고 즐길 수 있는 운동을 하면 된다. 암기를 잘하면 공부를 잘한다고 말하지만 그렇다고 모든 사람이 같은 방법으로 암기하지 않는다. 개인의 기억력과 성향에 따라 암기하는 방법이 다르기 때문이다. 자신이 잘하는 운동을 하면 그 운동은 즐겁다. 마찬가지로 암기도 뇌가 기억하기 좋은 방식으로 해야 한다. 정보를 저장하는 곳은 뇌이기 때문에 암기를 효과적으로 하려면 뇌가 선호하는 방법을 사용해야 한다. 그래서 남들이 잘하는 공부법이 아닌 자신만의 암기 기술이 필요하다.

결과를 두려워하지 마라

에베레스트산을 정복하지 못하는 이유는 산이 높아서가 아니라 자신의 능력을 믿지 못하기 때문이다. 이것은 도전조차 하지 않고 자신을 과소평가한 결과이다. 산의 정상에서 아래를 바라보는 사람과 중간 지점에서 바라보는 사람 사이의 차이는 얼마나 넓은 범위를 볼 수 있는지의 차이이다. 그래서 정상에 오르지 못한 사람이 정상에 오른 사람을 평가할 수 없다.

자신의 능력은 생각하는 것보다 훨씬 뛰어나다. 치열했던 삶에서의 주인공은 그 누구도 아닌 자신이다. 삶에 부딪힌 위기를 지혜롭게 극복할 수 있는 사람도 자신이다. 자신을 확실히 믿어라. 긍정적인 사고의 창시자 노먼 빈센트 필 박사는 성공의 조건은 자신감이라고 한다. "자신을 믿어라. 자신의 능력을 신뢰하라. 겸손하지만 합리적인 자신감 없이는 성공할 수도, 행복할 수도 없다."고 말했고, 농구의 황제 마이클 조던은 "자신을 믿어라. 비록 다른 사람들이 당신을 믿지 않고, 당신도 때때로 자신을 믿지 못할 때가 있더라도 끊임없이 자신을 믿고 노력하면 결국에는 성공할 수 있다."라고 했다.

가슴속에서 울려 퍼지는 내면의 소리를 듣고 실패를 두려워하지 말고 자신감으로 도전하라. 살아오는 동안 자신을 지켜주고 올바른 길로 이끌어준 자신의 능력을 믿어라. 지금 도전하는 자격증 공부는 당신을 발전시키며 시험에 합격한 순간 두려움은 자신감으로 바뀌어 희망으로 가득 찬 자신을 발견하게 될 것이다.

03

부족한 시간,
자투리 시간을 활용하라

"노력은 배신하지 않는다. 어떤 일이든 열심히 노력하면 반드시 성과를 얻을 수 있다. 성공을 위해서는 꾸준한 노력과 열정, 그리고 인내심이 필요하다."

– 나폴레옹 보나파르트

포켓노트는 언제 어디서든지 볼 수 있는 요약된 필기 노트를 의미한다. A4 용지를 주머니 크기에 맞게 4등분해서 단원별로 정리하면 휴대하기 편리한 포켓노트가 완성된다.

포켓노트를 만드는 방법은 첫 번째, 핵심 단어를 중심으로 내용을 요약한다. 수험서는 전문 서적과 과년도 문제를 요약한 것이므로 다시 핵심 단어로 요약하기는 쉽지 않다. 이를 위해선 먼저 수험서 전체를 이해해야 한다. 수험서의 구성과 내용을 목적으로 최소 3번 이상 읽는다. 전체적인 흐름이 이해되면 문제의 핵심 단어가 보인다. 두 번째, 수험서의 80%, 50%, 30% 목표로 세 번에 걸쳐 요약한다. 이렇게 완성된 포켓노트는 제목이나 핵심 단어만 보아도 문제 전체를 떠올릴 수 있다. 이해가 되지 않는 문제는 별도의 오답 노트를 만들어 관리한다.

공부하는 사람들은 암기가 어려운 문제나 예비 시험에서 자주 틀린 문제를 오답 노트에 정리하여 관리한다. 오답 노트에 있는 문제 중 이해되고 암기된 문제는 삭제하며 노트의 분량을 줄여나간다. 시험장에 갈 때는 오답 노트만 들고 가서 잠시 훑어보고 시험을 치른다. 스마트폰으로 포켓노트를 촬영하고 공부 폴더를 만들어 활용하는 것도 매우 유용하다. 전자책의 등장으로 스마트폰으로도 언제든 공부가 가능해졌다. 4등분하여 작성된 포켓노트를 촬영한 후 확대하여 효과적으로 공부할 수 있다.

두 번째 방법은 포켓노트를 음성 파일로 만드는 것이다. 음성 녹음은 산책 시, 공공장소, 출퇴근 시간, 일어날 때나 잠들기 전 등 언제든지 활용할 수 있다. 녹음하면서 암기하며, 목소리를 들으며 발음을 교정하고 자신의 어투와 속도를 조절할 수 있다. 녹음의 분량은 목차 순서에 맞춰

한 번에 한 단원씩 들을 수 있는 분량으로 녹음하는 것이 좋다. 일상에서

의 자투리 시간은 대체로 길지 않기에 휴식시간이 10분이라면 그 시간에

맞게 녹음해야 한다.

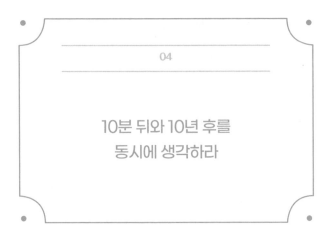

04

10분 뒤와 10년 후를
동시에 생각하라

"시간은 돈이다. 그리고 돈은 시간이다. 시간은 우리가 가진 가장
소중한 자원 중 하나이다. 우리는 시간을 소중히 여기고, 그것을
최대한 활용하는 방법을 찾아야 한다."

— 벤저민 프랭클린

　공부 계획을 세웠다면 자신의 일정을 주변 사람에게 미리 알려두는 것
이 좋다. 친목을 위한 대부분의 약속은 즉흥적으로 이루어지는 경우가
많다. 이런 즉흥적인 약속은 조금만 신경을 써도 조정이 가능하다. 대부
분의 모임은 참여자들의 다양한 의견을 듣고 일정을 조율하기 때문에 먼
저 자신의 일정을 알려주면 문제를 쉽게 해결할 수 있다. 갑작스러운 약

속은 항상 공부 계획보다 후순위에 두어야 한다. 공부가 지연되면 전체적인 일정을 수정해야 하므로 확실하게 거절하거나 약속을 조율할 수 있어야 한다.

먼저 자신의 약속을 소중히 여긴 뒤에 다른 사람의 약속도 중요하게 생각해야 한다. 자신의 시간을 소중히 다루는 사람이라면 타인의 시간 약속도 소중히 여길 수 있기 때문이다. 경영학자 피터 드러커는 말했다. "10분 뒤와 10년 후를 동시에 생각하라." 무의미하게 흘러가는 시간이 10년 후 자신과 가족에게 미치는 영향을 고려해야 한다.

도움을 받아라

군 생활하면서 학원에 다니거나 도움을 받을 기회는 그리 많지 않다. 대다수의 부대는 도심권과 떨어져 있기 때문이다. 그러나 이러한 환경을 극복할 때 진정한 합격의 성취감을 느낄 수 있다. 간절함은 '간절히 원하면 이루어진다.'는 피그말리온 효과를 만들어낸다. 환경을 극복하기 위해 모든 역량을 집중하다 보면 분명 공부할 방법이 생겨난다.

자신의 목표와 진로는 주변 사람들에 의해 영향을 받는다. 가족은 자신에게 가장 큰 도움을 줄 수 있는 존재다. 혈연으로 맺어진 가족은 어려운 상황에서도 기쁨과 슬픔을 함께 나누는 지지자이다. 도움이 필요할 때 가족에게 도움을 요청할 수 있는 용기가 필요하다.

한 번의 실습이 백 번 보고 듣는 것보다 효과적이다. 1차 필기시험에 합격했다 해도 2차 실기시험을 준비하지 못하면 결과는 불합격이다. 업무와 가정생활로 바쁜 시간을 쪼개어 공부한 성과를 얻기 위해서는 어떻게든 합격해야 한다. 현장에서 직접 체험하고 경험함으로써 합격의 기회를 높일 수 있다.

교수님의 인맥과 정보력을 적극적으로 활용하면 도움이 된다. 전공 분야의 권위자는 대학교수님이다. 전공 분야에 집중한다면 평생 도움을 받아야 할 주요 인맥은 교수님이 될 것이다. 실습이 부족하다면 학과 교수님에게 도움을 청하고 실습장을 활용하라. 실습장 사용에 어려움이 있다면 교수님이 적합한 방법을 안내해줄 것이다. 자격증이 내 삶에 중요하다면 간절한 마음으로 교수님을 찾아 도움을 청하라. 도움이 필요하지 않다면 그것은 자격증이 인생에 크게 영향을 미치지 않는다는 것을 의미한다.

공부가 힘들 때면 자신에게 이렇게 다짐하라. "자격증이 내 인생을 바꿀 것이다." 이렇게 확신하면 그렇게 될 가능성도 커진다.

05

합격자처럼 생각하고
믿고 행동하라

목표를 어떻게 이룰지 고민하라

"시간을 지배할 줄 아는 사람은 인생을 지배할 줄 아는 사람이다."라고
세계적인 피아니스트 바흐는 말했다. 인생의 목표를 이루기 위해서는 공
부를 소홀히 할 수 없다. 공부를 효과적으로 하기 위해 어떻게 더 발전할
수 있을지를 항상 고민해야 한다. '되면 좋고, 아니면 말고'라는 태도의

공부는 바로 중단해야 한다. 시간은 모든 사람에게 소중하기 때문이다.

김광주의 『평생 주머니에 현금이 마르지 않는 비밀』에서는 목표의 중요성을 이야기한다. 군대에서 군인들을 3그룹으로 나누어 한 가지 실험을 해보았다. A그룹은 처음부터 100㎞ 행군 목표를 알려주었고, B그룹은 애초에 행군 목표를 알려주지 않았으며, C그룹에게는 처음에는 50㎞까지 간다고 알려준 후 그 지점에 도착해서 50㎞를 더 가야 한다고 알려주었다. 과연 어느 그룹이 행군에 성공했을까? 처음부터 100㎞ 행군 목표를 알려준 A그룹의 성공률이 가장 높았다.

목적지를 명확히 알면 계획을 세울 수 있고 계획을 세우면 구체적인 방법을 찾게 된다. 하지만 목적지를 모른다면 행군 중 에너지를 어떻게 효율적으로 분산해야 할지 알 수 없어 낙오자가 발생한다. 잘못된 목표에 많은 에너지를 쏟아부은 사람에게 에너지가 남아 있을 리 만무하기 때문이다. 목적지를 명확하게 알고 시작한 행군 그룹의 성공률이 높았던 것처럼 이루고자 하는 목표가 명확해야 원하는 결과를 얻을 수 있다.

독일의 심리학자 헤르만 에빙하우스는 기억의 원리를 실험을 통해 입증하였다. "한 번에 많은 학습을 하는 것보다 일정 시간을 분산하여 여러 번 반복하는 편이 훨씬 기억에 효과적이다."라는 것을 발견했다. 에빙하우스의 주장은 학습 10분 후부터 망각이 시작되어 1시간 뒤에는 50%, 하루 뒤에는 70%, 한 달 뒤에는 80%를 망각한다는 것이다. 오래 기억하기 위해서는 10분 후 복습하면 1일을 기억하고, 1일 후 복습은 1주일, 1주일 후 복습하면 한 달, 한 달 후 복습하면 6개월 이상 기억할 수 있다. 공부 내용을 오래도록 기억하기 위한 복습의 주기는 10분 후, 1일 후, 1주일 후, 한 달 후다.

합격자처럼 생각하고 믿고 행동하라

자격증 원서를 접수한 순간부터 이미 합격자로 생각하고 행동한다면, 목표 달성에 유용하며 능력을 발휘할 수 있는 자신감이 생겨난다. 합격한 사람처럼 자신 있게 행동하고 합격의 순간을 상상하며 공부 계획을 세우는 것이다. 공부가 어렵고 힘이 들수록 더욱 합격자처럼 생각하고 위기를 극복해나가야 한다.

과거 선풍적인 인기를 끌었던 서적 중에 『시크릿』이란 책이 있다. "자신이 이미 그 꿈을 이룬 것처럼 행동하라." 자신이 원하는 꿈이나 목표를 설정할 때, 이미 그 상황에 도달한 것처럼 생각하고 자신감을 갖는 것이 중요하다. 이렇게 마음을 준비하면 행동이 그 꿈에 부합하게 변화하게 되어 태도와 마음가짐과 주변 환경까지도 꿈을 향해 변화하게 된다. 결국, 확고한 자신감이 꿈을 실제로 이룰 수 있게 만드는 원동력이 된다는 것이다.

스스로 포기하지 않는 한 합격의 시기만 다를 뿐, 시작부터 합격자처럼 생각하고 행동한다면 결국 목표를 달성하고 만다.

6장

군대공신 안 교관의
기적의 공부법

01

고대 기억술을 활용한
'표지판 공부법'

기억의 궁전

전미 메모리 챔피언십 우승자 조슈아 포어는 저서 『1년 만에 기억력 천
재가 된 남자』에서 "타고난 기억력이란 없으며 마음만 먹으면 언제든 기
억력을 향상시킬 수 있다."고 했다. 그가 활용한 암기법은 기억의 궁전
이다.

암기에 대한 두려움을 즐거움으로 전환한다면 암기의 어려움을 극복할 수 있다. 기억술은 기원전 5세기 그리스 키오스의 시인 시모니데스가 발견했다. 시모니데스가 연회장에서 잠시 밖으로 나간 순간 연회장은 붕괴하였고 무너진 잔해에 깔린 사람들은 형체를 알아볼 수 없을 정도로 상처를 입었다. 살아남은 시모니데스는 유족에게 잔해에 깔린 사람들에 관해 설명했다. 그는 눈을 감고 상상 속에서 무너진 건물 더미를 원상태로 복원시켰다. 그리고 놀라운 사실을 깨달았다. 연회에 초대된 사람들이 각자 어디에 있었는지 그림처럼 떠오른 것이었다. 그리고 유족들에게 가족의 위치를 설명해주었다. 그 후 그는 '기억의 궁전'을 만들어냈다.

가상의 건물을 만들어 그곳에 기억하고자 하는 대상을 이미지로 담고, 필요할 때 그 가상의 건물을 거닐면 기억이 쉽게 떠오르는 방법이다.

표지판 공부법

현대인들은 자기 계발을 위한 시간이 절대적으로 필요하지만, 시간은 항상 부족하다. 표지판 공부법은 일상생활에서 마주하는 도로상의 '표지판'을 활용하여 일상적인 공간에서도 효과적으로 공부하는 방법이다.

기억을 위해서는 시간이 필요하며 오래도록 기억하기 위해서는 반복된 학습이 필요하다. 대한민국의 헌법은 총 10장 130조로 구성되어 있다. 1조부터 130조까지 이해한 후에 1조로 돌아왔을 때 처음에 공부했던 내용을 기억하기는 쉽지 않다. 헌법을 예로 들었지만 한 권의 자기 계발서 역시 독서를 마친 직후에는 내용이 잘 기억되지 않는다. 공부한 내용을 장기적으로 기억하기 위해서는 공부 후 10분, 하루, 일주일, 한 달 후에 복습을 반복해야 한다. 합격의 성공은 공부한 내용을 얼마나 잘 기억하고 있는지에 달려 있다.

표지판의 종류

표지판은 도로의 원활한 교통 흐름과 운전자의 편의를 위해서 만들어졌다. 도로표지판은 다섯 가지로 구분된다. 경계 표지, 이정 표지, 방향표지 보조표지, 노선 표지, 기타 표지이다. '경계 표지'는 도 · 시 · 군 · 읍 또는 면 사이의 행정구역 경계를 표시한다. '이정 표지'는 최종 목적지까지의 거리를 나타낸다. '방향 표지'는 목적지까지의 방향 또는 방면을 나타내는 표지이다.

경계 표지판	이정 표지판	방향 표지판

　'노선 표지'는 목적지에 도착하기 위해서 주행 노선 또는 분기 노선을 나타내는 표지이다. '기타 표지'는 휴게소, 관광지, 양보 차로, 오르막 차로, 유도, 주차장, 출구 감속 유도, 시설물, 긴급 신고, 자동차전용도로, 돌아가는 길, 매표소, 고속국도 유도 등 도로 이용 간 편의를 제공하기 위한 표지이다.

이정 표지판	노선 표지판	주차장

　도로표지판 설치 시에는 이용자의 주의를 충분히 끌 수 있도록 설치한

다. 이용자가 가고자 하는 방향을 먼 거리에서도 읽을 수 있는 크기로 제작된다. 또한, 글자와 기호 바탕은 밤에도 잘 읽을 수 있도록 반사되어야 하며 설치하는 방향은 차량의 진행 방향과 도로 형태를 고려하여 잘 보일 수 있는 곳이어야 한다. 설치하는 장소가 다른 표지의 지시 내용과 혼동되거나 틀림으로 이용자에게 혼란을 주어서는 안 된다.

표지판 선정

표지판은 주로 다니는 도로에 있는 것으로 정한다. 학생이라면 등하굣길에 있는 표지판을 활용하고 직장인이라면 출퇴근 도로에 있는 표지판을 선정한다. 주로 이용하는 도로의 표지판이라면 매일 표지판을 활용하여 공부할 수 있지만 가보지 않은 도로상의 표지판을 사용한다면 가상의 도로까지 상상해야 하는 노력이 필요하다.

① 선택한 표지판이 3방향일 때 암기해야 할 내용을 세 가지로 정하고, 표지판에 기록할 핵심 단어로 요약한다.
② 핵심 단어가 요약되었다면 3~5글자 내로 단어를 정한다. (도로상의 표지판이나 안내문의 글자 수는 3~5글자로 되어있다.)
③ 암기해야 할 단어를 표지판의 3방향에 맞게 표지판의 문구처럼 기록한다.

표지판 공부법

[문제] 금속의 조직에서 결정격자의 종류?

정답 : 체심입방격자, 면심입방격자, 조밀육방격자

▷ 암기법

[문제] 금속의 조직에서 결정격자의 종류?

정답 : 체, 면, 조

※ 단어의 순서는 익숙하거나 암기하기 쉽게 정렬하며, 앞 글자만으로도 단
어를 연상시킬 수 있는 글자를 선택하여 활용한다.

▷ **적용 표지판**

① 표지판에 문구를 배치할 때는 방향 신호 순서로 단어를 기록하고, 문구
(암기할 단어)는 암기하기 쉬운 단어로 선정한다.

㉠ 주로 이용하는 방향 순서로 정한다.

㉡ 중앙(직진)을 기준으로 시계 반대 방향으로 순서를 정한다.

㉢ 기록할 단어와 관련된 도로상의 순서로 정한다.

② 표지판 상단에는 '주제'를 표기하고, 3방향에는 암기할 단어를 순서대로
기록한다.

금속결정격자

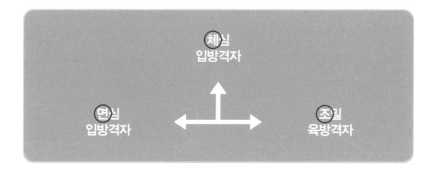

[문제] 주철의 장점은?

정답 : 가. 압축강도가 인장강도보다 3~4배 크다.

나. 주조 성능이 우수하여 복잡한 형상의 부품이 성형 가능.

다. 내마모성이 우수하고 알칼리나 물에 대한 내식성이 크다.

▷암기법

[문제] 주철의 장점은?

정답 : 압인삼 / 주복성 / 내알내 또는 압인34배 / 주우복성 / 내우알내이다.

※ 암기할 단어로 요약

가. '압인삼', 또는 '압인34배'

나. '주복성', 또는 '주우복성'

다. '내알내', 또는 '내우알내'

▷ 적용 표지판

① 표지판에 핵심 단어를 방향별로 배치한다.

② 표지판 상단(표지)에 '주제' 혹은 '문제'를 '주철의 장점'으로 기록한다.

③ 핵심 단어를 3방향으로 표지판에 기록한다.

  – 직진 : 압인34, 좌측 : 주우복성, 우측 : 내우알내

   또는, 직진 : 압인삼, 좌측 : 주복성, 우측 : 내알내

주철의 장점

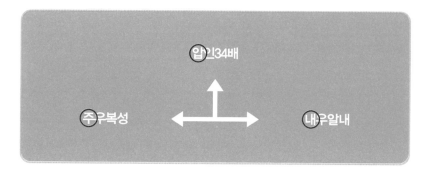

표지판이 부족한 경우

주로 이용하는 도로의 표지판은 한계가 있다. 도로 특성상 표지판이 부족할 수도 있다. 암기량이 적을 경우 적절히 활용하면 되지만 암기량이 많다면 표지판을 효율적으로 활용해야 한다. 표지판 공부법은 상상만으로도 얼마든지 표지판을 만들어낼 수 있다.

① 표지판을 만들고 싶은 도로를 촬영한다.

② 상상하여 가상의 표지판을 사진에 그려 넣는다.

③ 표지판에 기록할 핵심 단어를 3~4단어로 선정한다.

④ 학습의 주제와 핵심 단어를 화살표 방향에 따라 기록한다.

⑤ 표지판 여유 공간에 보충 내용을 추가로 기록한다.

▷ 상상 표지판 활용한 공부

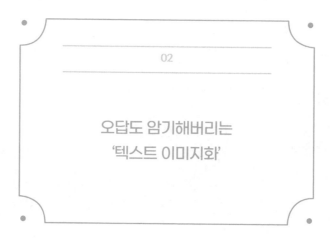

오답도 암기해버리는
'텍스트 이미지화'

> "상상력은 우리가 미래를 상상하고, 새로운 것을 창조하는 데 필요한 핵심적인 도구입니다. 상상력은 우리가 새로운 아이디어를 생각해내고, 새로운 문제를 해결하는 데 필요한 창의성을 제공합니다."
>
> — 에인 랜드

이미지 활용 암기법은 암기에 필요한 시간과 노력을 줄이기 위해 고안되었다. 모든 정보를 그림으로 표현하기는 쉽지 않지만 복잡하고 어려운 텍스트를 이미지로 전환하는 노력을 통해 정보를 이해하고 기억하는 데 도움을 준다. 암기는 이해하고 습득한 정보를 기억하기 위해 지식을 정리하는 과정이다. 시험은 그 지식을 텍스트나 이미지로 표현하는 것이다. 시험에서의 합격은 단순히 공부한 양을 측정하는 것이 아니라 학습자가 공부한 내용을 얼마나 잘 이해하고 표현할 수 있는지를 평가하는 과정이다.

'텍스트 이미지화'는 학습을 만화책이나 그림책처럼 시각적으로 접근하는 공부법이다. 단순한 텍스트만으로 학습하는 것과 그림을 활용하여 공부하는 것의 차이를 비교하면 이를 쉽게 이해할 수 있다. 복잡하고 난해한 내용일수록 이미지를 통해 시각화하면 더 빠르게 이해하고 기억할 수 있다.

책을 읽을 때 공감되는 말이나 시각적으로 표현된 내용은 쉽게 이해되고 기억에 남는다. 반면에 연도, 수치, 전문용어와 같은 복잡하고 생소한 내용은 이해가 어렵고 암기도 잘 되지 않는다. 이는 뇌가 숫자보다는 이미지를 더 선호하기 때문이다. 따라서 학습 시 시각적인 요소를 활용하면 더욱 효과적으로 학습할 수 있다.

교과서나 만화책은 표현 방식이 다르지만, 어려운 내용을 그림으로 표현하여 공부하면 쉽게 이해되고 흥미를 느낄 수 있다. 이미지로 학습하게 되면 시간이 지나도 그 이미지를 떠올리면 공부한 내용을 쉽게 기억해낼 수 있다. 이는 시각적 정보가 기억에 더욱 오랜 시간 남는 특성 때문이다.

[정답 → 핵심 단어 요약 → 암기법   ]

1) 개요 : 고장 형태 영향 분석이라고도 하며 설계 초기에 실시하고 고장 형태가 전체 시스템에 어떤 영향을 미치는가를 알아보는 방법으로 부분에서 전체를 평가하여 설계상 문제점을 찾아내고 대책을 마련하는 방법이다.

2) 순서

  (1) 대상 시스템을 분석

  (2) 고장의 형태 및 등급 설정

  (3) 치명도를 해석하고 개선책을 마련

    ① category 1 : 생명, 가옥 그 손실

    ② category 2 : 작업 수행 실패

    ③ category 3 : 활동을 지연

    ④ category 4 : 영향 없음

  (4) 고장의 영향을 해석

3) 특징

(1) FTA보다 간단하고 적은 노력으로도 분석할 수 있다.

(2) 논리성이 부족하고 각 요소 가능 영향을 분석하기 어려워 두 가지 이상의 요소가 고장 나면 분석이 곤란하다.

(3) 위험성 분석법과 병행하는 일이 많다.

[정답 → 핵심 단어 요약 → **암기법**]

1) 개요 : 고장 형태 영향 분석이라고도 하며 설계 초기에 실시하고 고장 형태가 전체 시스템에 어떤 영향을 미치는가를 알아보는 방법으로 부분에서 전체를 평가하여 설계상 문제점을 찾아내고 대책을 마련하는 방법이다.

→ **고장 형태 영향 분석?** '고형영분(FMEA)'

2) 순서

(1) **대**상 시스템을 분석

(2) **고**장의 형태 및 등급 설정

(3) **치**명도를 해석하고 개선책을 마련

① category 1 : **생**명, 가옥 그 손실

② category 2 : **직**업 수행 실패

③ category 3 : 활동을 지연

④ category 4 : 영향 없음

→ '고형영분' 치명도? '생작촬영'

(4) 고장의 영향을 해석 → '고형영분' 순서는? '대고치고'

3) 특징

(1) FTA보다 간단하고 적은 노력으로도 분석할 수 있다.

(2) 논리성이 부족하고 각 요소 가능 영향을 분석하기 어려워 두 가지 이상의 요소가 고장 나면 분석이 곤란하다.

(3) 위험성 분석법과 병행하는 일이 많다.

→ '고형영분' 특징? '간논두분'

[　　정답 → 핵심 단어 요약 → 암기법　　]

[문제1] FMEA(고장 영향 형태분석)에 대하여 기술하시오.

정답 : 고형영분(FMEA) → '대고치고' → '생작촬영' → '간논두분'

▷ 적용 표지판 : 안내표지판

① 핵심 단어를 표지판에 배치한다.

② 표지판 상단에 'FMEA(고형영분)' 제목을 기록한다.

③ 안내표지판에 핵심 단어를 기록한다.

　표지판 기록 : 고형영분(FMEA), 대고치고, 생작활영, 간논두분

[문제2] 키의 종류?

정답 : 안장키, 평키, 성크키, 접선키, 페더키

▷ **암기법**

[문제2] 키의 종류?

정답 : '안평성 접페'

※ 어려운 전문용어는 그림을 그려가면서 이해한다.

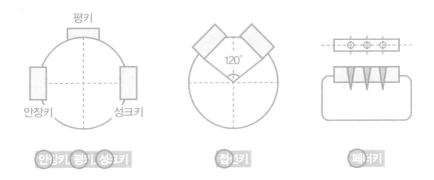

[문제3] 구름 베어링의 종류?

정답 : 레이디얼 베어링, 스러스트형 베어링, 롤러형 베어링

▷ **암기법**

[문제3] 구름 베어링의 종류?

정답 : '레스롤'

※ 핵심 단어로 요약 : 전문용어의 뜻과 이미지를 상상해본다.

이미지화 암기법의 장점

① 전문용어나 공학적 모형, 구조를 이미지화하면 흥미를 유발한다.

② 텍스트를 이미지로 변환하는 과정에서 기억력은 향상된다.

③ 이미지를 상상하는 것만으로도 공부한 내용을 기억할 수 있다.

03

두뇌를 200% 활용하는
'뇌 각인법'

"집중력은 곧 강한 마음이 아니다. 집중력이란 본래 누구나 지니고 있는 것이며, 이끌어내는 방법만 알고 있으면 누구라도 간단히 할 수 있는 것이다. 집중력을 발휘하는 데 필요한 것은 마음을 단련하는 일이 아니라 집중력을 이끌어내는 요령을 파악하는 일이다."

– 모리 겐지로

미친 암기력

『미친 암기력』의 저자 미야구치 기미토시는 학창 시절 학업에서는 항상 최하위 등급의 성적을 받았다. 그러나 대학 입학을 목표로 가장 어려운 도쿄대를 선택했고 아무 대학이라도 입학할 수 있다는 생각으로 자신만의 공부법을 개발하기 시작했다. 그 결과, 도쿄대에 입학하게 되었다. 자신이 공부했던 암기법을 자녀에게 가르치자 자녀의 성적이 급성장한 것을 계기로 '미친 암기력'을 체계화시켰다. 이후 수많은 제자를 사법 고시에 합격시키며 공부를 즐길 수 있게 되었다.

　미친 암기력은 '소량을 조금씩' 암기하는 것이 아니라 '많은 양을 한꺼번에' 암기하는 방식이다. 암기해야 할 양이 30페이지라면 하룻밤에 1페이지씩 30페이지를 1개월 만에 암기하는 것이 아니라 30분 동안 30페이지를 암기하는 기술이다. 미야구치 기미토시의 '미친 암기법'은 엄청난 정보화 시대를 살아가고 있는 우리에게 공부하는 노력과 시간을 절약할 수 있게 해준다.

　　"인생을 살면서 만나는 문제는 대부분 해결 가능한 것들이다. 해결 가능한 문제를 해결하는 것만으로 당신의 인생이 180도 바뀌고 생각하지도 못한 행복을 느끼게 된다."

『미친 암기력』 미야구치 기미토시

뇌 각인법

　공부에서 암기의 효율성은 보기 〉 듣기 〉 읽기 〉 말하기 〉 쓰기 순이다. 쓰기는 공부의 오랜 시간을 통해 그 효과가 입증되었지만 효율성이 가장 낮은 공부법이다. 많은 사람이 여전히 쓰기를 선택하는데, 쓰기의 장점은 글을 쓰는 과정에서 생각을 정리하게 되며 필체도 향상할 수 있다는 것이다. 그러나 쓰기 방법은 오랜 시간 동안 책상에 앉아 있어야 하며 많은 시간을 소비하게 된다.

노래를 배울 때는 가사를 쓰며 외우는 것보다 따라 부르는 방식이 더 효과적이다. 자연스럽게 반복하며 따라 부르면서 가사가 저절로 외워진다. 만약 노래를 쓰며 외워야 한다면 노래 학원이나 노래방이 더 인기 있을 것이다. 시간의 제한을 받지 않는 사람이라면 고민할 가치가 없다. 몇 년이고 쓰면서 암기하면 되기 때문이다.

'뇌 각인법'은 시간보다 더 많은 암기량을 처리할 수 있도록 최상의 집중력을 발휘하여 두뇌를 200% 활용하는 공부법이다. 이 방법은 지면에 있는 텍스트를 직접 두뇌로 옮겨 기억하는 방식으로 진행한다. 책을 읽을 때 지면에 있는 텍스트를 떠올려두는 동시에 두뇌 속 가상의 노트에 직접 기록하는 방법이다. '뇌 각인법'은 다음 3단계 과정을 거친다.

1단계 : 텍스트를 보고 읽는다.

2단계 : 텍스트를 지면에서 떼어내 두뇌로 이동시킨다.

3단계 : 텍스트를 두뇌 속 가상의 노트에 기록한다.

초기에는 텍스트를 두뇌 속 가상의 노트에 옮겨 적는 것이 쉽지 않지만 꾸준한 노력을 하면 얼마 지나지 않아 한 글자에서 한 단어, 한 문장으로 기록할 수 있게 된다. 3단계의 과정을 더욱 숙달하게 되면 가상의 노트에 밑줄을 긋고 줄에 맞춰 텍스트를 옮겨 적는 능력을 얻게 된다.

'뇌 각인법'은 집중력을 두 배로 활용하기 때문에 암기 능력이 크게 향상된다. 이 방법은 강한 집중력을 요구하기 때문에 초기에는 피로감을 느낄 수 있고 오랜 시간 집중하는 것은 어렵다. 만약 1시간 동안 쓰는 방식으로 공부를 했다면 '뇌 각인법'을 사용하면 15분 정도만 집중해도 같은 효과를 볼 수 있다. 뇌 각인법을 효과적으로 활용하기 위해서는 공부뿐만 아니라 체력 관리도 중요하다. 체력을 유지하고 강화하는 것은 집중력을 높이고 뇌를 활성화하는 데 도움을 준다. 적절한 휴식과 운동을 통해 뇌의 활동을 최적화하면 '뇌 각인법'의 효과를 극대화할 수 있다.

오랜 시간 쓰기로 공부했지만, 시험장에서 기억해내지 못한다면 그 공부의 효과는 크다고 볼 수 없다. 뇌 각인법은 이러한 기존 공부 방법의 한계를 극복하기 위한 것으로 이 방법을 사용하면 학습한 내용을 배우고 이해하는 즉시 기억하게 된다. 뇌 각인법은 언제 어디서든 활용할 수 있다. 산책로는 적절한 소음과 함께 신선한 공기를 느낄 수 있는 좋은 환경이다. 운동하면서도 공부를 할 수 있어 필기구가 필요 없으며 암기 노트와 녹음 파일만 있으면 시간과 장소에 구애받지 않고 공부를 할 수 있다.

특히 출퇴근 시간이나 산책하는 동안에도 활용할 수 있어 시간과 장소의 제약이 없다. 또한, 단 몇 분의 시간만 주어져도 집중력을 높일 수 있는 장점이 있다.

초기에는 한 글자나 한 단어를 상상해내기 어렵지만, 뇌 각인법에 숙달되면 한 문장을 상상해내는 능력까지 키울 수 있게 된다. 지금까지의 공부 방식은 글자를 써가며 학습하는 것이었기 때문에 단어나 문장을 상상하고 기록하는 방법에 대한 교육은 없었다. 이러한 이유로 가장 안정적으로 여겨졌던 쓰기 방식이 널리 활용되었다. 써보지 않고도 마음만 먹으면 언제든지 암기할 수 있다는 점은 공부 환경에 구애받지 않고 학습할 수 있음을 의미한다. 기술이 숙달되면 책을 읽을 때 단어나 글자를 따라 읽는 것이 아니라 여러 문장을 한 번에 이해할 수 있다. 뇌 각인법은 노력만으로 누구나 활용할 수 있는 암기법이다.

암기력을 강화하는
'속전속결 공부법'

"지식을 추구하는 데 있어 피해야 할 두 가지 잘못이 있다. 그중 하나는 모르는 것을 안다고 생각하면서 너무나도 성급하게 동의해 버리는 것이다. 이런 잘못을 피하고 싶다면 자신에게 제시된 주제에 대해 곰곰이 생각할 시간을 갖고 노력을 기울여야 한다. 또 다른 잘못은 모호하고 어려우면서 동시에 아무런 쓸모도 없는 일들에 과도한 열정과 너무 큰 노력을 쏟아붓는 것이다."

– 마르쿠스 툴리우스 키케로

트리플 암기법

대한민국의 공부 '레전드', '공부의 신', '공부의 제왕', 누구나 이름만 들어도 아는 공신닷컴의 대표 강성태. 그의 '트리플 암기법'의 핵심은 '읽고', '말하고', '쓰기'이다. 트리플 암기법은 신체의 다양한 부분을 활용하는 공부법이다. 눈으로 보며 읽고, 입으로 반복하여 말하고, 손으로 필기하는 방식이다. 이 방법을 사용하면 같은 시간 동안 공부를 할 때 세 배의 효과를 얻을 수 있다.

운동할 때 한 종목에만 집중하는 것보다는 3종목 이상을 다양하게 실천하는 것이 체력을 균형 있게 유지하는 데 도움이 된다. 식사할 때도 특정 음식에만 의존하는 것이 아니라 다양한 음식을 골고루 섭취하는 것이 건강을 유지하는 데 필요하다.

공부의 제왕 강성태는 암기를 위해서는 '무작정 쓰면서 공부해서는 안 된다.'라고 말한다. 쓰는 것은 기억하기 위한 것이 목적인데 생각하지 않고 쓰기만 한다면 절대 머릿속에 남지 않는다는 것이다. 트리플 암기법은 암기하기 위해 활용되는 두뇌와 모든 신체 활동을 사용한다.

1단계 : 교재를 집중하여 읽는다. 중요한 부분에는 밑줄을 쳐도 좋다.

2단계 : 교재를 보지 않고 남에게 설명하듯 말해본다.

3단계 : 연습장에 교재를 안 보고 그 내용을 전부 써본다.

4단계 : 만약 기억나지 않는다면 1~3단계 과정을 반복한다.

『강성태 66일 공부법』, 강성태

속전속결 공부법

'속전속결 공부법'은 문제를 보는 즉시 2~3초 이내에 답변할 수 있는 두뇌 활성화 공부법이다. 시험 경험을 통해 알게 된 것은 답을 알고 있는 것도 중요하지만, 그 답을 빠르게 기억하고 기록하는 능력이 더욱 중요하다는 점이다. 많은 내용을 공부했더라도 시험 시간 내에 기억하지 못한다면 그것은 틀린 것이다. 속전속결 공부법은 다양한 상황에서도 빠르게 지식을 활용할 수 있는 방법이다.

훈련 방법

① 핵심 내용을 포스트잇에 기록한다. 이때, 핵심 내용은 3~5글자가 적당하다.

② 기록한 포스트잇을 침대, 옷장, 문, 벽 등에 부착한다.

③ 포스트잇이 부착된 방향으로 몸을 돌려가며 문제의 제목과 핵심 단어만을 본 후 빠르게 답을 말한다.

④ 포스트잇에 적힌 문제의 답을 말했다면 다음 방향으로 몸을 돌려가며 반복한다. 2~3초 이내에 답이 생각나지 않는다면 다음 포스트잇으로 방향을 바꾸며 기억나지 않는 문제는 훈련이 끝난 후에 다시 복습한다.

⑤ 훈련에 속도가 붙으면 포스트잇에 문제의 제목만 남기고 훈련을 반

복한다.

⑥ 최종 단계로 눈을 뜬 채로 방향 전환이 이루어진다면 다음 단계는 눈을 감은 상태로 포스트잇을 상상하며 방향을 바꿔가며 훈련을 한다.

'속전속결 공부법'은 핵심 내용만을 중심으로 문제 해결 능력을 강화하는 훈련 방법이다. 이 공부법에 숙달되면 수험자는 자연스럽게 학습한 내용을 무의식적으로 재현할 수 있다. 이러한 훈련으로 보고, 듣기, 말하기의 능력이 향상되면 빠르게 학습한 내용의 기억을 떠올릴 수 있다.

속전속결 공부법 장단점

'속전속결 공부법'은 정답 기록에 대한 망설임을 없애주고 자신감을 높이는 공부 방법이다. 이 방법은 어떤 환경에서도 학습한 내용을 빠르게 기억해 낼 수 있게 한다. 훈련하면서 학습을 즐기게 되며, 공부에 대한 새로운 흥미와 자신감을 발견하게 된다. 핵심 내용을 요약하여 포스트잇에 기록하는 초기 단계는 번거로울 수 있으나, 훈련을 진행하면서 반복의 속도가 빨라져 결국 시간을 절약할 수 있다.

속전속결 공부법은 문제를 빠르게 해결하는 데 목적이 있으므로 응용 능력이 있어야 하는 문제에서는 잠시 생각을 해야 한다. 이를 극복하는 방법은 답안 제출 전에 답을 한 번 더 검토하는 것이다. 문제의 빠른 해결로 인해 시험 시간을 절약하게 되므로 깊은 생각이 필요한 문제에도 대처할 시간을 확보할 수 있다. 시험 시간이 1시간으로 주어진다면 속전속결 공부법을 활용하여 45분까지는 답안 작성을 완료하고, 잘못된 판단이나 잘못 기록된 내용이 없는지 꼼꼼히 검토하는 습관을 갖는 것이 중요하다. 이러한 절차를 통해 실수를 최소화하고 정확한 답안을 제출할 수 있게 된다.

속전속결 2일 공부법

[공부 계획]

▶ 1일 차

▷ 시간 : 오후 8시~ 12시

▷ 내용 : 암기해야 할 범위 정하기 → 암기할 내용 녹음 → 쓰면서 암기 → 예비 시험 1차 → 녹음 내용 듣기 → 예비 시험 2차 → 오답 문제 암기

▶ 2일 차

▷ 시간 : 오전 05시~07시 (듣기 → 말하기 → 쓰기)

▷ 시간 : 오전 08시~11시 (듣기 → 미흡한 부분 암기 → 예비 시험 → 최종 복습 → 시험)

[적용 공부법]

▶ 속전속결 공부법 : 암기 범위 요약 → 암기 → 녹음 → 예비 시험 →
   오답 문제 풀이 → 재평가

▶ 예상 문제 풀이

① 예상 문제 중에서 아는 문제와 모르는 문제를 명확히 구분한다.

② 모르는 문제는 오답 노트에 정리하여 기록한다.

③ '속전속결 공부법'을 활용하여 암기 훈련을 진행한다.

④ 예비 시험을 보며 '타이머'를 활용하여 시험 분위기를 조성한다.

⑤ 시험 후에 부족한 부분을 파악하고 보완한다.

⑥ 완벽하게 암기될 때까지 반복적인 훈련을 한다.

[시험]

실기 평가는 대체로 시험 범위가 명확하게 공개된다. 개인의 점수 차
이는 주로 작은 실수에서 비롯된다. 알고 있는 내용을 실수로 잘못 표현
하게 되면 큰 점수 차이를 만들어낸다. '속전속결 공부법'은 선택의 고민
과 망설임을 줄여주는 공부법이다. 속전속결 공부법은 신속한 암기 기
술이 있지만, 답안을 제출하기 전에는 반드시 검토 과정이 필요하다. 검
토하면서 문제를 다시 한번 이해하고 잘못 기록된 답을 수정하는 절차를
따른다면 짧은 시간 내에 공부의 성과를 얻을 수 있다.

조선 최고 명필의 공부법
'한석봉 공부법'

"지식은 힘이고 학습은 초능력이다. 지식이 힘이라면 학습은 우리의 초능력이다. 우리 학습 능력은 무한하다. 그 능력을 활용할 방법만 알면 된다."

— 짐 퀵

한석봉 공부법

'한석봉 공부법'은 암기를 위해 여러 번 노트에 적거나 반복해서 읽는 것을 중점으로 한다. 또한, 눈을 감고 암기해야 할 내용을 상상하며 쓴다면 더 높은 집중력을 발휘할 수 있을 것이라는 전제하에 만든 공부법이다.

훈련 방법

① 학습할 내용을 철저히 읽고 이해한다.

② 눈을 감고 암기할 내용을 대략 노트에 기록한다.

③ 한 획씩, 한 글자씩, 한 단어씩 떠올리며 정확하게 쓰기 위해 집중한다.

④ 눈을 감은 채로 노트의 줄에 맞추어 글자를 정확하게 기록한다.

⑤ 녹음된 내용을 듣고, 단어를 떠올리며 노트에 기록한다.

※ 백보드 암기법

벽이나 문에 A4 용지를 부착하고, 강의하는 것처럼 내용을 설명하면서 보드마카로 적는다. 말하면서 쓰기를 반복함으로써 학습 효과를 높일 수 있다.

한석봉 3일 공부법

▶ 공부 계획 1차

▷ 1일 차 : 핵심 내용 요약 → 암기할 내용 녹음 → 한석봉 공부법

▷ 2일 차 : 읽고/쓰고, 듣고/말하기 → 한석봉 공부법 반복

▷ 3일 차 : 시험

▶ 공부 계획 2차

▷ 1일 차 : 보고/읽고/쓰고 → 예비 평가 1차 → 듣고/말하기 → 한석봉 공부법 → 예비 평가 2차(3회 : 오후, 저녁, 잠들기 전)

▷ 2일 차 : 보고/읽고/쓰고 → 예비 평가 3차 → 듣고/말하기 → 한석봉 공부법 → 예비 평가 4차 (4회 : 아침, 오후, 저녁, 잠들기 전)

▷ 3일 차 : 보고/읽고/쓰기 → 예비 평가 4차 → 듣고/말하기 → 한석봉 공부법 → 예비 평가 5차(2회 : 새벽, 시험 전)

▶ 적용 공부법

① 요약 : 이해하기 → 암기하기 쉽게 분류하기(전체적인 내용 분석 → 핵심 단어 선정 → 암기할 내용 분류)

② 보기 : 공부할 내용과 익숙해지기(전문용어는 자주 본다 → 단어를 본다 → 문장을 본다)

③ 읽기 : 발음이 어려운 전문용어는 자주 소리 내 읽는다

④ 한석봉 공부법 : 문제를 본다 → 생각한다 → 눈을 감고 텍스트와 노트의 밑줄을 의식하며 기록한다.

⑤ 평가 : 예상 문제를 보고 연습한다. (생각나지 않는 문제는 오답 문제로 별도 관리한다.)

⑥ 쓴다 : 문제 풀이를 하며 암기한다.

⑦ 산책하며 녹음을 듣고, 말하고, 평가한다. (틀린 문제는 반복한다.)

⑧ 오답 암기 : 오답 문제에 집중하기 위한 계획을 세운다.

⑨ 속전속결 공부법 : 순발력 강화 훈련(포스트잇을 벽에 부착 후 눈을 감고 포스트잇이 부착된 방향으로 바꿔가며 핵심 단어를 본 후 2~3초 이내에 답을 말한다.)

1단계 : 포스트잇을 보면서 문제를 읽고 답하는 연습을 한다.

2단계 : 눈을 감고 벽에 붙은 포스트잇을 상상하면서 방향을 바꿔가며 문제를 읽고 정답을 말한다.

공신들의 특징은 첫 번째, 어떤 환경에서도 집중력을 잃지 않는다. 두 번째, 빠르게 집중하여 몰입한다. 세 번째, 지속적인 노력으로 학습 최적의 상태를 유지한다.

공신 되기
7주 프로젝트

· · · · · · · · · · · ·

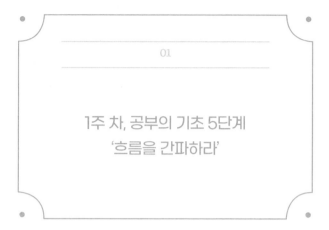

01

1주 차, 공부의 기초 5단계
'흐름을 간파하라'

"기본에만 충실하면 누구나 성공할 수 있다. 기본도 못 하고 욕심만 많으니 성공을 못 하는 것이다."

– 브라이언 트레이시

공부 기초

1단계 : 공부 범위를 전체적으로 읽는다.

2단계 : 공부 범위를 이해한다.

3단계 : 공부 내용 중 핵심 내용을 구분한다.

4단계 : 핵심 내용으로 서브노트를 만든다.

5단계 : 서브노트를 활용하여 포켓노트를 만든다.

1단계 : 공부 범위를 전체적으로 읽는다

전체적인 흐름을 파악하는 것을 주목적으로 3회 완독을 목표로 한다. 첫 번째 단계에서는 전체 내용 중 약 30%만을 깊게 이해하는 것을 목표로 삼는다. 이 단계에서는 전체적인 흐름을 파악하는 것이 중요하기 때문에 모든 내용을 완벽하게 이해할 필요 없이 빠르게 읽어가야 한다. 가능하면 편안하게 읽는 것이 좋다.

중간에 궁금증이나 더 깊이 공부하고 싶은 생각을 억제해야 한다. 읽는 도중에 모르는 부분이나 궁금증을 해결하려는 유혹에 빠지면 계획된 반복 횟수를 달성하기 어려워진다. 이러한 유혹을 물리쳐야 하는 이유는 시간이 지날수록 학습 내용은 기억에 잘 남지 않기 때문이다.

공부는 머리로 실행하는 기술이다. 이 기술은 반복을 통해 숙달되며 숙달된 후에야 진정한 응용 능력을 발휘할 수 있다. 공부의 기초는 주어진 범위를 여러 번 반복하여 읽어 익숙해지는 것이다. 조급해하지 말고 편안하게 반복해서 읽는 것이 핵심이다. 기본에 충실한 공부는 결국 좋은 결과를 가져다준다.

2단계 : 공부의 범위를 이해한다

두 번째 읽을 때는 전체 범위의 50%를 이해하는 것을 목표로 한다. 첫 번째 읽을 때보다 더 집중하지 않아도 자연스럽게 이해되는 부분이 늘어난다. 첫 번째 완독에서 이해된 30%가 두 번째 읽기에서 20%의 이해를 돕게 되는 원리이다. 문제는 빠르게 진도를 나가고 싶어 하는 조급함과 더 많은 부분을 깊게 공부하고 싶은 욕구이다. 이러한 조급함은 시험 준비에서 필요한 반복 학습의 타이밍을 놓치게 만든다.

시험은 암기 능력에 따라 결정되며 암기는 반복을 통해 기억된다. 반복은 암기의 필수 요소이기 때문에 문제를 오랫동안 고민하는 것보다는 짧은 시간에 여러 번 반복하는 것이 효과적이다. 건강한 식습관을 유지하기 위해서는 많은 양의 음식을 한 번에 먹는 것보다는 꾸준한 삼시 세 끼가 중요하듯 암기도 지속적인 반복 학습을 유지해야 한다.

반복 학습에서 중요한 요소는 시간이다. 짧은 시간 동안 많은 내용을 기억하려 하므로 빠르게 진도를 나가려는 조급함이 생겨난다. 암기해야 할 범위가 점점 넓어지고 시간은 제한적이기 때문에 한 번의 학습으로 완벽하게 기억하려는 압박감이 생겨난다. 이러한 조급함은 공부 과정을 더 어렵게 만들어간다.

두 번째 읽기의 목표는 전체 내용의 50%를 이해하고 공부해야 할 내용에 익숙해지는 것이다. 이 과정에서 주의해야 할 점은 공부에 너무 깊이 몰두하여 다른 부분을 놓치는 것이다. 설정한 계획대로 목표를 달성했다면 그것이 공부의 성과로 충분하다는 것을 기억해야 한다.

3단계 : 공부 내용 중 핵심 내용을 구분한다

세 번째 읽기 단계에서는 전체 내용의 80%를 목표로 하고 남은 20%의 이해가 어려운 부분은 암기할지 포기할지 결정해야 한다. 80%의 성공 확률은 실질적으로 성공과 크게 다르지 않다. 성공하는 사람들은 종종 단 1%의 성공 확률만 있더라도 도전을 한다. 남은 20%에 집중하기보다는 80%를 이해하고 암기하는 데 노력하는 것이 더욱 중요하다. 80%를 알게 되면 나머지 20%도 점차 이해되므로 20%만을 위해 80%를 놓치는 일은 피해야 한다.

전체 공부 범위에서 쉽게 이해되는 내용과 더 많은 노력이 필요한 내용을 구분한다. 이는 핵심적인 내용에 집중하기 위한 접근 방식이다. 단순한 보기만의 학습은 금방 잊히지만, 경험을 통해 스토리가 되면 오랫동안 기억된다. 스토리가 있는 학습은 오랫동안 기억에 남는다. 핵심 내용에 중점을 둔 학습은 시간이 필요하지만, 암기에 있어 매우 중요한 역할을 한다.

세 번의 완독을 마친 후에는 핵심 내용만을 담은 '서브노트'를 작성한다. 서브노트가 완성되면 기본 교재를 거의 참조하지 않기 때문에 핵심적이면서도 세밀하게 내용을 정리해야 한다. 서브노트는 1면을 4등분하여 핵심 내용을 각 1/4면에 요약하여 정리한다. 잘 정리된 서브노트는 포켓노트로 제작하거나 사진으로 저장하여 휴대하며 공부 자료로 활용한다.

주어진 시간 동안 모든 문제를 외우려는 생각은 피해야 한다. 각 문제당 암기할 시간을 명확히 구분하고 공부해야 할 내용과 포기해야 할 내용을 구분해놓아야 한다. 시험공부에서 중요한 것은 얼마나 많은 문제를 암기했는지보다는 얼마나 빠르게 포기했는지가 될 때도 있다.

4단계 : 공부 범위를 요약하고 '서브노트'를 만든다

'서브노트'는 전체적인 공부 범위에서 암기해야 할 부분만을 구분하여 기록한 요약 노트를 말한다. 서술형 문제를 기록할 때 얼마나 많은 텍스트를 적었는지는 중요하지 않다. 기록한 답안에 핵심 내용이 포함되어 있다면 좋은 점수를 받을 수 있다. 핵심 위주로 노트를 작성했다고 해서 모든 내용을 암기할 수는 없다. 전체적인 내용을 기억하지 못해도 핵심 위주로 답안을 기록하다 보면 나머지 내용은 자연스럽게 기억되어진다. 먼저 이해된 부분을 위주로 요약하고 불필요한 부분은 제외하거나 따로 구분한다. 암기는 필수적인 내용을 선택하여 집중하고 반복하는 것이다.

긴 문장을 핵심 단어로만 구성하여 짧게 요약하는 것이다. 책상을 정리하듯이 필수적인 내용만 남기면 된다. "맛있는 떡볶이를 먹으러 가려면 신당동에 가야 한다."라는 문장에서 '신당동'이라는 단어만 기억하면 '신당동 떡볶이는 맛있다.'라는 문장을 연상시킬 수 있다. 요약의 순서는 건물을 지을 때처럼 기초 – 골격 – 외관 – 실내 인테리어 순서와 같이 전체적인 흐름이 연관되도록 한다. 전체적인 내용에는 연관성이 있지만, 요약할 때 적절하지 않은 단어를 선택하면 공부할 때 자연스레 연결되지 못하고 끊김이 생긴다. 요약 과정에서도 공부의 흐름을 유지하기 위해 계속 점검해야 한다.

수험서만 보며 요약하면 진행 상황을 잃기 쉽다. 그러나 수험서를 통해 설명할 수 있다는 것은 전체적인 흐름을 고려하며 공부한다는 의미다. 어두운 상황에서도 길을 잃지 않으려면 목표에 집중해야 한다.

5단계 : '서브노트'를 활용하여 '포켓노트'를 만든다

공부 범위를 요약하여 서브노트를 작성했다면 이어서 휴대하기 편한 포켓노트를 만든다. 노트를 4등분하여 각 부분에 핵심 내용을 채운다. 노트를 4등분하는 것은 공부 범위를 4분의 1로 축소하는 것과 같다. 즉, 암기해야 할 내용을 4분의 1로 줄이는 작업이다. 이미 알고 있는 내용이거나 외울 필요가 없는 내용은 제외한다.

포켓노트가 완성되면 더는 두꺼운 수험서를 들고 다닐 필요가 없다. 포켓노트를 주머니에 넣거나 휴대전화에 저장된 사진만 들고 다니면 언제든지 공부를 할 수 있다. 정성껏 제작된 포켓노트만으로도 공부할 내용을 상기시킬 수 있다. 핵심 내용을 요약하는 과정에서 이해하고 기억되기 시작하며 반복할수록 오래 기억된다.

지식과 경험의 차이는 광고로 음식을 보는 것과 직접 먹어보는 것의 차이와 유사하다. 아무리 맛있어 보이는 음식도 사진이나 듣기만으로는 맛을 느끼지 못한다. 최고의 요리사에게 요리법을 배웠어도 똑같이 만들어내지 못하는 것은 그만의 노력과 경험이 있기 때문이다. 지식과 기억을 연결하는 핵심 요소는 반복이다. 자신만의 노력으로 자주 보고, 듣고, 읽고, 생각함으로써 오래 기억할 수 있다.

암기를 시작하기 전에 기본서를 세 번 이상 읽고 요약하는 것은 공부의 기본이다. 모르는 광고도 반복해서 듣다 보면 어느새 친숙해진다. 자주 보거나 듣게 되면 싫은 것조차도 자연스레 익숙해질 수 있다. 공부는 반복으로 이해되고 정리되며 요약하는 과정에서 체계화된다. 공부 범위가 넓을수록 핵심만을 요약하는 것이 공부의 시작이다.

02

2주 차, 4일 공부
'복습의 횟수를 늘려라'

> "적게 노력한다면 얻는 것도 적다. 인간의 운명은 노력에 따라 달라진다."
>
> — 로버트 헤릭

공부는 반복의 연속이다

반복 없이는 어떤 것도 완벽해질 수 없다. 전문가나 명장도 반복을 통해 성장한다. 공신들이 가장 중요하게 여기는 공부 습관은 반복이며 그들은 반복의 횟수를 늘리기 위해 최선을 다한다. 개인의 성향에 따라 이해하고 기억하는 방식은 다르지만, 노력을 보상받는 방법은 결국 반복이다.

반복이 어려운 것은 습관화되지 않았기 때문이다. 저학년 때의 공부 습관이 고학년이 되어서도 변하지 않기 때문이다. 영어 단어를 암기할 때 깜지를 사용했다면 고학년이 되어서는 같은 방법으로 공부해서는 안 된다. 광범위한 공부 분량을 깜지만으로는 암기할 수 없기 때문이다.

공부하는 방법은 내용, 범위, 난이도에 따라 달라야 한다. 많은 문제를 풀고 오랜 시간을 공부해도 기억되지 않는 것은 자연스러운 현상이다. 이는 단기 기억의 한계와 반복하지 않은 학습 결과이다. 완벽한 이해는 지식과의 통합을 의미한다. 반복을 위해서는 복습 시간을 계획하고 실천 해야 한다.

효과적인 복습 방법은 다음과 같다.

첫 번째, 공부해야 할 내용과 포기할 내용을 명확히 구분한다.

두 번째, 복습 계획을 세운다. 두꺼운 책을 항상 지니고 다니기 어렵다 면 녹음이나 사진을 통해 필요할 때 복습한다.

세 번째, 공부는 하루의 우선순위가 되어야 하며 복습 역시 계획적으 로 진행해야 한다. 공신들은 복습할 때 망각 주기를 고려하여 계획적으로 학습했다.

이해를 돕기 위해서는 복습이 필수적이며 기억을 유지하기 위해서는 반복이 중요하다. 공부한 내용을 오랜 시간 동안 기억하고 이해하기 위해서는 공부 후 10분, 하루, 일주일, 한 달 후에 복습을 반드시 해야 한다. 합격은 지식을 얼마나 빠르고 정확하게 기억하느냐에 달려 있다.

4일 공부법(이론 평가)

▶ 공부 계획

▷ 1일 차 : 공부 범위를 전체적으로 읽는다.

① 내용과 익숙해지는 것이 목적이다.

② 효율적인 시간 배분으로 2~3회 읽는다.

▷ 2일 차 : 암기할 내용을 구분하여 핵심 내용을 요약한다.

① 휴식 시간을 활용하여 핵심 단어 위주로 요약한다.

② 휴식 시간에 1회 암기하고, 퇴근 후 2회 암기한다.

③ 퇴근 후 핵심 내용을 요약한다.

▷ 3일 차 : 암기를 시작하면서 복습 횟수를 늘린다.

① 출근 전 1회, 휴식 때 1회, 점심 때 1회, 퇴근 후 3회, 잠들기 전 1회

② 잠들기 전에는 암기가 어려웠던 부분에 집중한다.

▷ 4일 차 : 시험을 대비한 기억력 강화 훈련

① 속전속결 공부법, 산책 또는 운동하면서 암기한다.

② 출근 전 1회, 시험 전 2회 암기

▶ 적용 공부법 : 쓰기+이미지화+표지판 공부법+뇌 각인법+깊게 이
해하기+반복 횟수 늘리기

시험 10분 전에는 공부보다 컨디션 관리에 집중해야 한다. 차분한 차
를 마시거나 풍경을 바라보며 환기와 휴식을 취한다. 심호흡과 가벼운
산책으로 긴장을 풀어준다. 시험 직전의 스트레스는 1시간의 공부 노력
을 물거품으로 만든다. 시험 직전 10분 동안의 공부는 출제되지 않는다
는 생각으로 자신을 믿고 안정감을 유지해야 한다.

문제는 학습 범위 내에서 출제되므로 불필요한 노력으로 시간을 낭비
하지 않기 위해서는 수업 시간에 출제 범위에 집중하고 메모해야 한다.
만약 밤샘 공부로 인해 수업 시간에 잠을 자게 된다면 학습 방법이 잘못
되었다는 것을 의미한다.

수업 시간이 부족하더라도 교육하지 않은 범위에서 출제하지는 않는
다. 따라서 시험은 교육한 내용을 중심으로 출제하게 된다. 수험자의 입
장에서 출제자에게 평가를 받는 것처럼 보이지만, 출제자 역시 수험자에
게 평가를 받는다. 출제자는 수험자들의 학습 능력을 고려하며 문제를

내고 수험자들은 출제자의 의도에 맞게 정답을 기록하기 위해 노력한다. 따라서 수업 시간은 출제자와 수험자 모두에게 중요한 시간이다.

4일 공부법(실습형 평가)

▶ 공부 계획

① 1일 차 : 수업 이해, 퇴근 후 요약 및 암기 1회

② 2일 차 : 수업 이해, 실습 반복, 실습 평가, 퇴근 후 암기 1회

③ 3일 차 : 수업 이해, 실습 반복, 실습 평가, 퇴근 후 암기 1회, 출근 전 암기 1회

④ 4일 차 : 출근 전 암기 1회, 시험 직전 암기 1회

▶ 암기법

① 설명하듯 말하고 표현하면 평가를 준비한다.(하브루타 공부법)

② 암기가 잘 안 되는 내용은 자극(오감 자극)을 주며 암기한다.

③ 긴 답은 앞 글자를 따서 암기한다.

④ 시험 전 예상 문제를 풀어본다.

▶ 실습 주도형 공부법

① 실습 시작 시 조장 역할을 한다.

② 실습을 주도하며 조원들에게 임무를 배정한다.

③ 실습을 주도하기 위해서는 사전 학습이 필수적이다. 예습하지 못했다면 수업 전에라도 교재를 확인한다.

④ 수업 전에 평가 기준에 맞춰 실습이 진행될 수 있도록 평가 요소 (가점, 감점)를 확인한다.

원하는 성적을 얻기 위해서는 실습장을 벗어나지 않고 자신의 자리를 지키며 연습을 반복해야 한다. 다른 사람이 실습하는 동안에도 옆자리에서 가르치며 공부를 해야 한다. 자신의 실습과 동료를 가르치는 실습을 번갈아 하며 연습하면 완벽하게 숙달이 된다. 공부에 욕심을 갖는 사람은 목표를 높게 잡아 노력의 강도가 더 높을 뿐, 그들 역시 최선을 다해 공부하는 것이다.

03

3주 차, 3일 공부
'누적식 공부를 하라'

"우리는 어떤 것을 제대로 배우는 최선의 방법을 가르치며, 배운 다음에는 반드시 실천해야 한다는 아리스토텔레스의 원칙을 신중하게 지켜야만 한다. 그 원칙은 언제나 배우는 사람이면서 동시에 실천하는 사람이 되어야 한다는 것이다."

– 리처드 멀캐스터

3일 공부법

평가의 최종 결과는 종합 평가이다. 시작부터 종합 평가를 목표로 공부를 계획하고 준비해야 한다. 한 과목의 평가가 끝나도 공부를 중단하지 말고 계속해서 자료를 누적하며 평가를 준비해야 한다. 한 과목에만 집중하면 종합 평가 때 큰 부담을 느낄 수 있다. 처음부터 누적 방식으로 종합 평가를 대비하면 원하는 결과를 얻을 수 있다.

▶ 공부 계획 : 평가는 실습 평가와 서술형 문제 풀이로 치러지므로, 두 가지 평가를 동시에 준비해야 한다.

▷ 1일 차 : 반복 숙달(실습형 평가)

① 암기 범위를 요약하고 전문용어를 암기하기 쉬운 단어로 변환하며, 최대한 압축될 때까지 반복한다. 그 후 암기한 내용을 음성으로 녹음한다.

② 산책하면서 녹음을 1회 듣고, 문제에 답하는 연습을 진행한다.

③ 숙소에 도착하여 예비 시험을 치른다.

▷ 2일 차

① 새벽에 읽기 → 산책하며 듣기 → 숙소에서 예비 시험 치르기 → 틀린 문제를 쓰면서 암기하기

② 휴식 및 점심시간에 암기하기

③ 퇴근 후 저녁에 3회 암기하기

▷ 3일 차 : 출근 전 암기 1회, 예상 문제 풀이 1회, 오답 암기 1회, 평가 전 1회 암기하기

▶ 적용 공부법

① 반복 횟수를 늘린다.(5회 반복)

② 공부 범위를 넓히지 않는다.

③ 암기할 범위를 축소한다.

   (전체를 외워서 완벽한 점수를 받으려 욕심내지 않는다.)

④ 오감과 자극을 활용하여 암기한다.

⑤ 핵심 내용 위주로 암기한다.

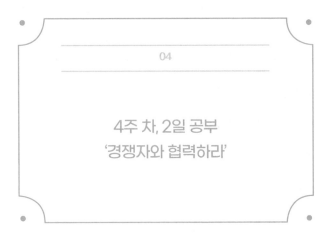

04

4주 차, 2일 공부
'경쟁자와 협력하라'

2일 공부법

　짧은 시간 내에 성과를 내야 하는 공부에서는 이해보다 평가에 집중해야 한다. 짧은 시간 내에 완벽한 이해를 추구하면 원하는 성적을 얻기 어렵다. 시험이 임박했을 때는 혼자서 공부하는 것보다 동료들과 소통하며 서로의 성과를 도모하는 것이 효과적이다.

▶ 공부 계획

　▷ 1일 차

　　−오후 8시~12시 : 암기할 범위 정하기 → 녹음하기 → 쓰면서 암

　　기 → 예상 문제 풀이 → 녹음 듣기 → 예비 시험 1차 → 쓰면서

　　암기

　▷ 2일 차

　　−오전 5시~7시 : 녹음 듣기 → 예비 시험 2차 → 쓰면서 암기

　　−오전 8시~11시 : 듣기 → 부족한 분야 집중하기 → 예비 시험

　　치르기 → 정리하기

　▷시험

▶ 적용 공부법

　▷ 속전속결 공부법 : 암기 범위 요약 및 압축 → 암기 → 녹음 →

　　예비 시험 → 오답 문제 풀이 → 예비 시험 재평가

　▷ 한석봉 암기법 : 문제를 본다 → 생각한다 → 눈을 감고 텍스트

　　와 노트의 줄을 의식하며 기록한다.

　▷ 오감 자극 공부법(보고, 읽고, 말하고, 듣고, 쓴다)

※ 신체감각을 활용하여 신경과 두뇌를 동시에 자극해 집중력을 높인다.

▶ 7가지 공부 Tip

① 시험 당일 부정적인 대화는 피한다. 부정적인 생각이나 원망 등은 긴장감을 높이고 두뇌의 집중력을 떨어뜨릴 수 있다.

② 시험 직전, 수험자들은 긴장과 피로로 인해 예민해질 수 있다. 이런 상황에서는 서로에게 상처를 주는 행동과 말을 자제해야 한다. 예를 들면 두세 명이 짝을 지어 문제 풀이와 답변을 하는 행동은 다른 사람들의 집중력을 방해하고 예민하게 만든다.

③ 모든 운동경기와 마찬가지로 공부 역시 온몸의 감각과 생각을 동시에 활용해야 한다. 공부 과정에서 보고, 읽고, 듣고, 말하며, 쓰는 오감을 모두 활용하는 것이 효과적인 학습을 위한 핵심이다.

④ 쉽게 암기되지 않는 문제에 부딪혔을 때, 스스로에게 자신감을 부여하고 암기를 촉진하기 위해 주먹을 불끈 쥐며 다음과 같이 명령하라. "이 문제의 답을 외워라! 나도 할 수 있다! 나는 충분히 외울 수 있다!" 자신에게 명령과 격려를 통해 마인드컨트롤하라.

⑤ 공부는 자신을 위한 것이므로 스스로 격려하며 목표에 집중해야 한다. 집중력이 떨어질 때는 외부 환경을 활용하는 것도 방법이다. 집중이 안 되거나 잠이 온다면 공부할 내용을 들고 밖으로 나가는 것이다.

⑥ 휴식은 두뇌를 최적의 상태로 유지하는 데 필수적이다. 더 효과

적인 공부를 위해서는 때때로 두뇌에도 휴식을 주는 것이 중요하다. 휴식은 학습한 내용을 정리하고 기억에 잘 남게 만드는 과정이다.

⑦ 경쟁자들과 정보를 공유하는 것은 중요하다. 시간은 한정되어 있으므로 의심스러운 문제나 불확실한 부분은 즉시 검토하고 동료들과 함께 공유하는 것이 좋다. 한 문제의 차이로 아쉬움을 남기지 않기 위해서는 정보를 공유하는 것이 필요하다.

5주 차, 1일 공부
'시간을 세분화하라'

> "목표가 확실한 사람은 아무리 거친 길이라도 앞으로 나갈 수 있다. 그러나 목표가 없는 사람은 아무리 좋은 길이라도 앞으로 나갈 수 없다."
>
> – 토머스 칼라일

1일 공부법

▶ 시험 하루 전 공부법

① 수업 시간에 암기 범위를 정한다.

② 휴식 시간 등 자투리 시간을 활용한다.

③ 오감을 활용해 암기한다.

④ 단순하고 쉬운 문제일수록 확실하게 암기한다.

⑤ 중요한 내용 중 핵심만 암기한다.

⑥ 시험 직전에는 마인드컨트롤한다.

▶ 컨디션 관리

최적의 컨디션을 유지하기 위해서는 휴식에 대한 구체적인 계획이 필요하다. 운동, 독서, 음악, 그리고 취미 활동 등을 적절하게 조합하여 일상에 포함시켜야 한다. 휴식은 시간 낭비가 아니라 좋은 성과를 내기 위한 준비 단계라는 것을 명심해야 한다.

시험일을 기준으로 컨디션 관리 계획을 세우는 것은 중요하다. 선수가 경기 전날에 충분한 휴식을 하는 것처럼 시험 전날 과도한 공부는 오히려 성적을 떨어뜨린다. 컨디션 관리도 공부 계획의 일부로 포함되어야 한다. 따라서 시험 전날은 충분한 휴식을 취하고 컨디션을 유지하는 것이 중요하다.

▶ 공부 계획 : 수업 직후의 평가 준비를 위해서는 충분한 시간을 확보해야 한다.

① 출근 전 공부 : 예습(예상 문제 풀이)

② 집중 유지 : 수업 시간 + 휴식 시간 + 점심시간 + 이동 시간

③ 시험 전 공부 : 예상 문제 풀이 → 암기 → 정리 → 시험

④ 필기와 실기 동시 공부 : 필기와 실기 평가의 중복된 문제를 효율적으로 학습하기 위해서는 수업 중에 이론과 실기를 동시에 학습하고 연습해야 한다.

▶ 적용 공부법

▷ 하브루타 공부법 : 가르치듯 설명하면서 암기한다.

▷ 연상법 : 평가의 흐름을 떠올리며 공부한다.

▷ 이미지화법 : 암기 내용을 이미지화하여 복습한다.

▶ 평가(실습 복합형 평가)

실습의 복잡성을 이해하고 완벽하게 숙달하기 위해서는 단순히 머리로만 공부하는 것보다 실습 장비로 연습해보는 것이 중요하다. 이론과 연습을 병행하여 학습하는 것이 평가의 결과를 결정짓는다. 효과적으로 학습하기 위해서는 이해하고, 숙달하고, 설명해보는 것이 좋다. 또한, 자신의 실습 모습을 녹화하여 재생하면 부족한 부분도 개선할 수 있다.

▶ 필기 평가

① 문제를 본 순간 2~3초 이내에 답을 떠올려 기록한다.

– 기억나지 않으면 다음 문제로 넘어간다.

– 약간 기억이 난다면 아는 것만 기록하고 넘어간다.

※ 기억나지 않는 문제에 시간을 지체하면 기억의 흐름이 끊기게 되므로 다른 문제로 전환하여 시간을 효율적으로 활용하는 것이 중요하다.

② 답안 제출 전 2회 이상 검토한다.

　　– 답안 작성 시 1차 기록 완료 시간을 정한다.(시험 시간이 60분 주어졌다면, 50분은 답안을 기록하고 남은 10분은 검토한다.)

　　– 답안 검토가 많을수록 실수는 줄어든다. 2회까지 하면 완벽해진다.

※ 시험 시간은 수험자의 고유한 시간이다. 전체적인 분위기에 휩쓸려 검토되지 않은 답안을 제출해서는 않는다.

③ 답안을 제출한 후에는 마인드컨트롤하라.

　　시험장에서 나와서 조용한 곳을 찾아 시간을 보내라. 자신을 격려하며 심호흡으로 마음을 안정시킨다. 많은 사람이 시험 후 실수에 대해 자책하고 후회하는데, 이러한 행동은 자존감을 해치는 결과를 가져온다.

답안을 작성할 때 확신이 없는 문제가 있다면 시험이 끝나는 시간까지 기다렸다가 다시 한번 검토해야 한다. 혼자 시험장에 남아 있더라도 확신이 없는 답안을 제출해서는 안 된다. 서술형 문제를 풀 때 다양한 생각이 떠오른다면 문제지의 여백을 활용하여 기록해두는 게 좋다. 서술형 문제에서는 글자의 수가 정해져 있지 않기 때문에 답안에 핵심 단어가 포함되어 있다면 좋은 점수를 받을 수 있다.

공부는 기술이다. 교육을 통해 공부하는 방법을 배우고 반복을 통해 기술을 익힌다. 따라서 공부도 배우고 익히면 더 잘할 수 있게 된다. 지금까지의 공부가 기대한 성과를 주지 않았다면 그것은 최선을 다하지 않았거나 자신에게 맞지 않는 공부 방식을 반복해왔다는 것이기도 하다. 놀이나 게임이 즐거웠던 것은 최선을 다해 즐겼기 때문이다.

06

6주 차, 4시간 공부
'배우는 즉시 암기하라'

4시간 공부법

수업이 끝난 후 즉시 시험을 치른다. 시험까지 남은 4시간 동안의 수업 시간에 암기해야 한다. 시간을 세분화하여 공부 계획을 세우고, 출제자가 원하는 답안 유형을 빠르게 파악해야 한다. 수업 중 핵심 내용을 즉시 요약하고 암기를 시작해야 한다. 핵심 내용 요약을 기반으로 하여 시간과 분 단위로 공부 시간을 계획한다. 공부의 성과는 주어진 시간 동안 얼마나 집중적으로 공부했는지에 달려 있다. 계획 없는 공부는 전략 없는 전투와 같다. 주어진 시간을 효과적으로 활용하기 위해 항상 전략적으로 시간을 관리해야 한다.

공부 계획

공부해야 할 내용을 명확히 분류하고 핵심 내용을 암기하기 쉬운 분량으로 요약한다. 암기할 자료는 익숙하고 연관성 있는 단어와 내용으로 구성한다. 핵심 내용을 정리한 후에는 반복을 시작한다.

① 4시간 전 : 보고 → 읽고 → 쓰고 → 예상 문제 풀이 → 오답 문제 풀이

② 3시간 전 : 듣고 → 말하기 → 연상하기 → 예상 문제 풀이 → 오답 문제 풀이

③ 2시간 전 : 보고 → 읽고 → 쓰고 → 예상 문제 풀이 → 오답 문제 풀이

④ 1시간 전 : 듣고 → 말하기 → 연상하기 → 예상 문제 풀이

⑤ 시험

▶ 적용 공부법

▷고밀도 뇌 활용법 : 쓰기 + 연상 + 암기

※ 고도의 집중력을 발휘해 짧은 시간 안에 암기할 수 있는 공부법

▶ 평가 : 서술형 문제를 정확하게 이해하기 위해 문제를 꼼꼼히 읽어야 한다. 불필요한 내용은 제외하고, 출제자가 원하는 핵심 단어가 포함되게 기록해야 한다. 많은 내용을 기록하더라도 문제의 요구에 맞지 않으면 좋은 점수를 받을 수 없다. 문제를 세심하게 읽는 것은 출제자가 요구하는 핵심 내용을 빠르게 파악하고 기록하기 위함이다.

답안을 작성할 때 전문용어를 정확하게 기록하는 방법은 예비 시험을 통해 답안 작성을 연습해보는 것이다. 예비 시험을 통해 실수를 줄여나가야 한다. 이 과정에서 기억의 오류나 부족한 부분을 발견하고 보완함으로써 기억력을 강화할 수 있다. 실습형 문제에서는 특별한 요소나 응용 능력을 요구하는 내용이 있을 수 있으므로 처음부터 끝까지 주의 깊게 읽고 요구하는 답안을 이해하는 것이 중요하다.

공부하려는 내용을 잘 보이는 곳에 두어 언제든지 생각하고 암기될 수 있게 해야 한다. 단순히 내용을 바라보는 것만으로도 문제에 대해 생각하고 기억력을 강화하는 기회가 된다.

▶ 1등 공부법 : 누구나 자신만의 고유한 방식과 스타일로 공부와 암기를 즐기는 것이 중요하다. 자신만의 방식으로 공부를 하면 더 큰 성과를 얻을 수 있다. 1등의 공부법 5가지를 소개한다.

① 문제를 철저히 이해하라.

　－ 먼저 이해하라. 이해하지 않으면 확실하게 암기되지 않는다.

② 중복되는 문제는 통합하라.

　－ 유사한 문제는 함께 학습하여 한 번에 암기하는 것이 효과적
이다.

③ 핵심 단어만을 암기하라.

　－ 늘 시간은 정해져 있으므로 핵심 단어만을 암기해야 한다.

④ 상호 비교하며 암기한다.

　－ 유사하거나 상반된 개념을 함께 비교하며 암기하라.

⑤ 문제를 연관 지어 공부하라.

　－ 연관성 있는 문제나 유사한 내용을 동시에 학습한다.

07

7주 차, 종합 평가
'5가지 최강 공부법'

"만약 간절히 원한다면 다시 말해, 충분한 의지력을 갖고 자신의 노력을 올바르게 관리하는 훈련을 한다면, 원하는 것은 무엇이든 이룰 수 있다."

– 조지 필모어 스웨인

종합 평가

▶ 적용 공부법

① 표지판 공부법 : 출퇴근 도로, 주요 이동 도로, 산책로 표지판 활용

② 뇌 각인법 : 가상의 두뇌 속 노트에 암기할 내용 기록

③ 텍스트 이미지화 : 전문용어, 수치, 단위, 복잡한 문제 이미지화

④ 속전속결 암기법 + 재검토 : 문제를 본 순간 2~3초 이내에 정답을 말하는 순발력 강화 훈련

⑤ 한석봉 암기법 : 눈을 감고 문제를 생각(녹음 내용 듣기) → 암기할 내용 떠올리기 → 빈 노트에 기록하기

종합 평가 D-4일

"많이 본 자가 이긴다."

▶ 공부 자료 확보 : 과목별 평가 자료, 수업 자료, 실습 자료 종합

▶ 공부 범위 구분 : 과목별 출제 문제 + 실습 출제 문제 + 핵심 문제

▶ 공부 계획표 작성 : 반복 횟수 증가, 5개 공부법 적용, 컨디션 관리

▶ 핵심 내용 요약

▶ 암기 자료 녹음

종합 평가 D-3일

"공부의 시작은 계획을 세우는 것이다."

▶ 1차 : 핵심 내용 보고/읽기 → 쓰기 → 듣고/말하기 → 예상 문제 풀이
→ 오답 문제 풀이

‑ 핵심 내용 보고/읽기 : 문제를 보고, 읽으면서 익숙해진다.

‑ 쓰기 : 노트에 써보면서 암기할 내용과 불필요한 부분을 구분
한다.

‑ 듣고/말하기 : 녹음한 문제를 듣고, 즉시 답을 말한다. 산책하면
서 듣고, 말하고, 생각한다.

‑ 예상 문제 풀이 : '속전속결'로 풀이한다. 생각나지 않는 문제는
넘긴다.

‑ 오답 문제 풀이 : 예상 문제 풀이를 하며 기억나지 않는 문제에
집중한다.

▶ 2차 : 핵심 내용 보고/읽기 → 쓰기 → 듣고/말하기 → 예상 문제 풀이
→ 오답 풀이 → 잠들기 전 녹음한 내용을 전체적으로 듣는다.

종합 평가 D-2일

"반복의 실패는 시간 관리의 실패에서 온다."

▶ 1차 : 핵심 내용 보고/읽기 → 쓰기 → 듣고/말하기 → 예상 문제 풀이
　　→ 오답 풀이

▶ 2차 : 핵심 내용 보고/읽기 → 쓰기 → 듣고/말하기 → 예상 문제 풀이
　　→ 오답 풀이

▶ 3차 : 핵심 내용 보고/읽기 → 쓰기 → 듣고/말하기 → 예상 문제 풀이
　　→ 오답 풀이 → 잠들기 전 녹음한 내용을 전체적으로 듣는다.

　전체 시험 범위를 1사이클 동안 학습하는 데 예상보다 더 많은 시간이 소요된다면, 시간 관리에 실패한 것이다. 이러한 시간 관리의 실패는 반복 학습의 횟수를 줄이는 원인이 된다.

종합 평가 D-1일

"시험은 선택과 포기의 연속이다."

▶ 1차 : 핵심 내용 보고/읽기 → 쓰기 → 듣고/말하기 → 예상 문제 풀이

▶ 2차 : 핵심 내용 보고/읽기 → 쓰기 → 듣고/말하기 → 예상 문제 풀이

▶ 3차 : 핵심 내용 보고/읽기 → 쓰기 → 듣고/말하기 → 예상 문제 풀이
　　→ 잠들기 전 녹음한 내용을 전체적으로 듣는다.

도저히 암기되지 않는 문제는 포기하고 기본 점수를 인정한다. 대신 자신이 잘하는 분야에 집중하여 높은 점수를 획득해 보완해나가는 것이 좋다.

종합 평가 D—Day

'피로에 지친 두뇌에 최상의 실력 발휘를 기대할 수는 없다.'

시험 전날 밤 12시 이전에는 공부를 마무리하고 휴식을 취해야 한다. 공부 시간이 부족해 잠을 줄이게 되면 피로가 기억력에 영향을 미친다. 한 문제를 해결하기 위해 밤을 새운다면 10문제의 기억을 잃게 된다는 것을 알아야 한다. 아무리 완벽하게 공부를 계획하고 실천하더라도 항상 아쉬움은 남을 수 있다. 공부는 끝이 없기 때문이다. 하지만 공부를 계획하고 실천한 것만으로도 목표에 한 걸음 더 다가선 것이다.

▶ 공부 계획

① 시험 시작 전 전체 과목 이미지 트레이닝(훑어보기)

② 과목별 2회 반복한다.(시간을 과목별 분배)

③ 암기가 어려운 부분은 포기한다.(기본 점수 획득)

④ 공부 내용 중에 핵심만을 암기한다.(서브노트 활용)

▶ 평가

시험지를 받으면 여러 생각이 든다. 가장 어려운 문제는 몇 초 안에 기억나지 않는 문제다. 시험 전에 암기했던 내용임에도 불구하고 기억나지 않으면 마음이 조급해진다. 이럴 때 심호흡과 함께 마음을 안정시키며 속으로 '나는 할 수 있다!', '아는 문제다!', '곧 기억날 것이다!'라고 자신을 믿고 응원하라.

필체는 마음의 상태를 반영한다. 마음이 조급하면 글자가 삐뚤삐뚤해지고 여유가 있으면 또박또박 적을 수 있다. 또박또박 글을 쓰면서 마음의 안정을 찾을 수 있다. 시험 중에는 자신 있는 문제부터 해결하고 기억나지 않는 문제는 중간중간에 기억나는 대로 여백에 기록해둔다.

작성된 답안을 읽어보며 잘못 기록한 내용이 없는지 확인한다. 이 과정에서 기억나지 않았던 문제가 떠오른다면 그 생각을 놓치지 않고 빈 곳에 기록해두어야 한다. 정답을 기록하기 전 고려해야 할 3가지 '출제자의 의도', '채점의 기준', '요구하는 수준'에 대해 생각해보고 검토해야 한다.

답안지 작성 시 기록 순서는 어느 정도 아는 문제, 자신 있는 문제, 모르는 문제 순으로 기록한다. 기억이 조금이라도 나는 문제는 빠르게 기록하는 것이 중요하다. 이는 언제 그 지식이 기억에서 사라질지 알 수 없기 때문이다. 먼저 떠오르는 내용을 빠르게 기록한 후에 자신 있는 문제를 풀어간다. 이런 과정에서 공부 자신감을 찾고 조급함도 해소할 수 있다. 시험에서의 가장 큰 문제는 이해했는데 전혀 생각나지 않는 문제이다. 차분하게 문제를 풀어가다 보면 기억이 점차 되살아나고 관련된 내용을 조금씩 기록하다 보면 그 단어를 중심으로 기억을 되짚어나가는 데 도움이 된다.

 시험에서 또 다른 문제는 정말 '모르는 문제'이다. 이러한 문제에 대한 관리 능력과 대처 방식이 필요한데, 모르는 답을 찾아 시간을 소비하는 것보다는 이미 알고 있는 문제에서 높은 점수를 얻기 위해 노력하는 것이 더 효율적이다. 포기했던 문제에 대해서는 시험이 끝나기 전까지 충분한 시간을 갖고 풀어가면 된다. 그래서 시험 종료 직전 10분 전에는 문제 풀이를 완료해야 한다.

 시험 도중 지금까지의 노력을 성급함으로 망치면 안 되기 때문에 문제를 꼼꼼히 읽고 답안을 작성하는 것이 중요하다. 답안 제출 전에는 '이번이 마지막 기회다.'라는 마음가짐으로 작성된 답안지를 검토해야 한다. 잘못 해석된 문제는 없는지, 문제의 오해나 잘못된 답변은 없는지 반드시 확인해야 한다.

시험을 마친 후 정리해야 할 5가지

첫 번째, 시험이 끝나면 부족한 부분을 돌아보고 다음 시험에 적용할 학습 전략을 계획해야 한다. 문제가 제대로 기억나지 않았다면 완벽히 암기되지 않았다는 것이다. 이는 공부 방법에 미흡한 점이 있다는 것을 의미하며 이를 개선하기 위한 보완 대책이 필요하다.

두 번째, 채점은 출제자의 전문 영역이며 권한이다. 수험자는 채점 결과를 기다려야 하며 수험자가 채점 기준을 주장하는 것은 출제자의 권한을 침해하는 행위다. 채점 결과에 이의가 있다면 점수가 공개된 후 관련 절차를 통해 이의를 제기하면 된다.

세 번째, 시험 후에는 말과 행동에 신경 써야 한다. 시험을 잘 보지 못한 아쉬움을 느끼는 동료에게는 '역지사지'의 마음으로 위로와 격려를 전해야 한다. 함께 공부한 동료들 모두가 시험 결과를 인정하고 기쁨을 나누는 것이 진정한 모습이다.

네 번째, 시험 결과가 발표되기 전에는 감사한 마음을 가지는 것이 중요하다. 출제자와 수험자는 누구도 우월한 위치에 있지 않다. 출제자는 문제 출제에 정성을 기울였고, 수험자는 문제 풀이에 최선을 다했기 때문이다. 수험자는 자신의 성적만을 중요하게 생각할 수 있지만, 출제자는 수험자들의 전반적인 능력을 고려하여 문제를 낸다. 또한, 채점 과정에서는 수험자들의 노력을 기억하며 공정하게 채점을 한다.

다섯 번째, 스스로 '나는 최선을 다했는가?'라는 질문에 "예."라고 답한다면 시험 결과를 인정할 수 있다.

▶ 공부의 효과
　① 5가지 공부법
　　▷ 표지판 공부법 : 출퇴근 도로, 주요 이동 도로, 산책로 표지판 활용
　　⇒ 표지판 공부법은 도로상의 '표지판'을 활용한 암기법이다. 이 방법은 반복되는 장소와 시간을 효율적으로 활용하여 공부하는 방법이다. 공부의 장점은 언제 어디서든 학습할 수 있다는 것이다. 출퇴근 시간이나 산책 중에도 이 방법을 활용하여 학습 시간을 늘릴 수 있다.

▷ 뇌 각인법 : 상상 속 두뇌 노트에 암기할 내용 기록

⇒ 암기의 효율성은 보기 〉 듣기 〉 읽기 〉 말하기 〉 쓰기이다. '뇌 각인법'은 이 5가지 공부가 동시에 가능하다. '뇌 각인법'은 제한된 시간 내에 암기해야 할 분량에 대해 극도의 집중력을 발휘하여 효과적으로 암기하는 공부법이다.

▷ 텍스트 이미지화 : 전문용어, 수치, 단위, 복잡한 문제 이미지화

⇒ 공부의 어려움은 대체로 암기해야 할 내용의 양이 많기 때문이다. '텍스트 이미지화' 공부법은 이러한 암기의 부담을 줄이는 방법으로 암기해야 할 내용을 영화나 드라마, 만화와 같은 스토리 형태로 변환하는 공부법이다. 스토리화 과정은 초기에는 생각의 부담과 시간이 필요하지만, 스토리가 한 번 완성되면 DVD나 책처럼 언제든지 다시 떠올릴 수 있어 암기의 효과를 높일 수 있다.

▷ 속전속결 암기법 + 재검토 : 문제 풀이의 순발력을 강화하고 문제를 본 순간 2~3초 이내에 정답을 기록하는 훈련이다.

⇒ 시험에서의 가장 큰 어려움은 문제 풀이 과정에서 연속성을 유지하는 것이다. 만약 공부한 내용이 잘 떠오르지 않는다면, 복싱 선수가 다리가 풀리듯 혼란에 빠질 수 있다. 혼란을 피하기 위해서는 문제 풀이의 흐름을 유지해야 한다. 문제를 보는 즉시 답을 기록하고 답안을 제출하기 전에는 꼭 검토해 문제 풀이의 완성도를 높여

야 한다.

▷ 한석봉 암기법 : 눈을 감은 상태로 문제를 생각한다 → 암기
할 텍스트 한 획, 한자를 떠올린다 → 빈 노트에 기록한다.

⇒ 눈을 감고 내용을 떠올리며 노트에 필기하는 것은 집중력과 순
발력을 강화하는 고밀도 암기법이다. 한석봉 암기법은 상상한 내
용을 정자체로 기록하기 위해 극도의 집중력을 발휘하는 방법이
다. 시간이 매우 제한적일 때도 단시간 내에 효과적으로 암기할 수
있다.

② 선택과 집중하는 능력이 중요하다. 3~5배수인 예상 문제를 모
두 암기하는 것은 불가능하다. 따라서 '선택'과 '포기'를 결정해
야 한다. 결정이 얼마나 신속하고도 신중했는지에 따라 공부의
효율성이 결정된다.

③ 시험은 아는 문제와 모르는 문제로 구분된다. 시험 준비 과정에
서 가장 중요한 것은 문제 선택에 관한 결정이다. 시간을 투자한
문제가 가치 있는지를 판단하며 예상 문제를 살펴봐야 한다. 과
감한 결정으로 암기할지 포기할지를 결정해야 하며 시험에 포기
했던 문제가 출제되더라도 스스로의 선택을 존중해야 한다.

공부를 공부하다

나에게 공부는 행운이었다. 기존의 암기 방식을 넘어서 누구나 즐기며 도전할 수 있는 새로운 공부법을 찾아 나섰다. 공부는 확실히 자신의 잠재력을 깨우며 성공의 발판이 된다. 많은 사람이 자신의 공부법을 최고라고 믿어 그 방식에 변화를 주지 않는다. 자신의 잠재된 능력은 아무도 대신 찾아주지 않는다. 오직 배움에 대한 노력과 끈기로만 찾을 수 있다.

러시아의 대문호 레프 톨스토이는 "모든 사람은 세상을 변화시키는 것을 생각한다. 하지만 누구도 그 자신을 변화시키는 것은 생각하지 않는다."라고 말했다. 마이크로소프트 설립자 빌 게이츠는 매일 변화하려는 생각이 성공자를 만들어낸다고 했다. "나는 유별나게 머리가 똑똑하지 않다. 특별한 지혜가 있는 것도 아니다. 다만 나는 변화하고자 하는 마음을 생각으로 옮겼을 뿐이다."

애플의 전 CEO 스티브 잡스 역시 매일 변화를 기대하고 실천하는 삶을 살았다. "지난 33년 동안 매일 아침 거울을 보며 물었다. '오늘이 인생 마지막 날이라면 오늘 할 일을 하고 싶나?' 이에 대한 답이 '아니요.'라는 날이 연달아 계속되면 변화의 시점이 찾아왔다는 걸 깨닫는다." 공부 방법의 변화가 없다는 것은 공부의 진정한 의미를 모른다는 것을 의미한다. 공부는 단순히 눈에 보이는 성적이나 결과를 위한 것만이 아니다. 반복되는 하루가 쌓여 어른이 되는 것처럼, 공부는 삶 속에서 언제 어디서나 지속해서 필요한 것이다.

장병들이여, 공부를 통해 내면에 잠들어 있는 자신을 깨워보자. 내면의 자아가 깨어나는 순간 세상이 더욱 선명하게 보이며 위대한 꿈의 여정이 시작될 것이다.

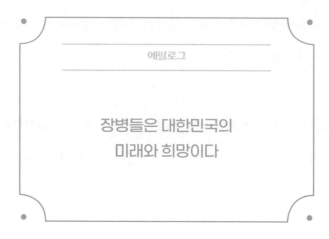

장병들은 대한민국의 미래와 희망이다

인생은 꿈을 무엇에 두느냐에 따라 그 방향과 색깔이 결정된다. 주변의 영향을 받아 나의 꿈을 만들거나, 타인이 이미 이룬 꿈을 따르는 것은 진정한 가치와 원하는 삶을 살아가는 것이 아니다. 지금의 불확실한 꿈과 목표는 그동안 시스템에 순응하여 살아온 결과이다. 성장을 위해서는 끊임없이 고민하고 선택하는 과정을 통해 자신을 깊이 이해해야 한다. 나의 능력과 가능성을 정확히 인식하고 나에 대해 확신을 하게 되면 진정으로 원하는 꿈을 찾게 된다.

미로 찾기에서 길을 잃었다면 원점으로 돌아가 다시 시작할 수 있지만, 인생이라는 미로에서의 잘못된 선택은 때로는 큰 희생이 필요로 하므로 되돌리기 어렵다. 누구도 과거로 되돌아가 새로운 시작을 할 수는 없다. 많은 사람이 직장을 떠나게 되면 "앞으로 어떻게 살아갈까?"라는 고민을 하며 주변 사례를 모방하거나 "누군가는 어떻게 잘살고 있는지."라는 말에 또다시 귀를 기울인다.

신은 기회가 왔을 때 놓치지 말라며 모든 사람에게 동등한 시간을 부여했다. 진정으로 원하는 삶을 추구하려면 먼저 '나는 무엇을 하고 싶은지?'에 대해 자신에게 물어봐야 한다. 운동은 머리로만 하는 게 아니라, 실제로 직접 뛰어봐야 느끼는 것이다. 행복한 삶을 원한다면 단순한 상상으로만 만족해서는 안 되며 지금 원하는 일을 하며 즐겁게 살아야 한다. 먼 미래만을 상상하며 행동하지 않는다면 그것은 단순한 꿈에 불과하다.

언젠가 공부를 더 잘하기 위해 공신들의 책을 읽고 그들의 공부법을 따라 해보았다. 그 당시의 성과는 있었지만 마치 어울리지 않는 옷을 입은 것처럼 공부가 힘들었다. 시간이 지남에 따라 나에게 맞지 않는 공부법으로는 절대 공부를 즐길 수 없다는 것을 깨달았다. 나만의 공부법을 찾기 위해 고민하고 실천하면서 공부에 즐거움을 느끼게 되었다. 어떤 일이든 즐기게 되면 실력은 자연스럽게 향상된다. 자신의 능력을 정확히 인식하게 되면 못하는 것이 아니라 안 하는 것이 되고, 기회를 놓친 것이 아니라 더 나은 기회를 기다리는 것이 된다. 자신의 능력을 신뢰하게 되면 자신의 인생을 스스로 결정할 수가 있다.

학생이나 운동선수도 잘하고 싶은데 시간이 없다고 한다. 그러나 좋아하는 일에는 날밤을 새우고 없는 시간도 만들어낸다. 이처럼 시간은 주어지는 것이 아니라 만드는 것이다. 군대에서 시간이 느리게 가는 것처럼 느껴지지만, 전역할 때쯤에는 시간이 빠르게 지나갔다는 것을 깨닫게 된다. 근력을 키우기 위해 꾸준히 운동하는 것처럼 하루하루 최선을 다하다 보면 성공의 근력은 키워진다. 옛말에 '될성부른 나무는 떡잎부터 알아본다.'고 했다. 어떤 환경에서든 "저 사람은 꼭 성공할 거야."라는 말을 들으면 성공할 수 있다.

늘 자신과 싸우고 불가능해 보이는 것에 도전하라. 전기자동차 테슬라의 CEO 일론 머스크는 "실패가 예상될지라도 충분히 중요하다고 생각되는 일이라면 도전하라."라고 말했다. 도전하는 삶이 아름다운 것은 도전 속에서 자신을 발견할 수 있기 때문이다.

2024년 6월

안장원

스터디 솔저스